Erläuterungen und Dokumente

Franz Grillparzer
Der arme Spielmann

HERAUSGEGEBEN VON
HELMUT BACHMAIER

PHILIPP RECLAM JUN. STUTTGART

Grillparzers Erzählung »Der arme Spielmann« liegt unter Nr. 4430 in Reclams Universal-Bibliothek vor. Die Seiten- und Zeilenangaben im Kommentar beziehen sich auf diese Ausgabe.

Universal-Bibliothek Nr. 8174 [2]

Gesamtherstellung: Reclam, Ditzingen. Printed in Germany 1986
ISBN 3-15-008174-2

Inhalt

Vorbemerkung

Vorliegender Kommentar zu Grillparzers Erzählung »Der arme Spielmann« – auf diese Gattungsbezeichnung legte der Autor selbst großen Wert – setzt in mancher Hinsicht bewußt andere Akzente, als sie bislang in der Grillparzer-Forschung selbstverständlich waren. Vor allem werden kunst- und musiktheoretische Reflexionen und das Muster der mythologischen Konstitution des Erzählzusammenhanges in den Vordergrund gestellt. Politische und historische Perspektiven, Aspekte der Wirkungsgeschichte, sozialgeschichtliche Bedingungen der Rolle des Künstlers im 19. Jahrhundert unter den speziellen Umständen Wiens oder Stilfragen werden thematisiert bzw. dokumentiert. Es wurde insgesamt versucht, den komplexen Text in seine verschiedenen Sinnschichten zu zerlegen und semantische Brechungen durchsichtig zu machen. Dabei bildet Grillparzers Ideal der Kunst, dessen Andenken die Erzählung dient, den epischen und strukturellen Integrationsfaktor.

Eine angemessene Lektüre des Textes setzt voraus, während des Lesevorganges die verschiedenen Gesichtspunkte (mythologische, kunsttheoretische, politische, historische, psychologische, autobiographische) präsent zu halten. Die – nur scheinbare – Einfachheit der Erzählung sperrt sich spröde gegen solchen Deutungs- und Rezeptionsansatz, doch zeigt sich dieser als zwingend. Ein nur psychologisch oder autobiographisch intendierter wie ein nur auf das Spannungsverhältnis von Kunst und Leben ausgerichteter Interpretationsansatz, so nahe er liegen mag, erweist sich als defizitär. »Der arme Spielmann« wird nicht zufällig oder willkürlich zum Bestand klassischer Erzählkunst der deutschen Literatur gerechnet. Solcher Einschätzung will dieser Band eine Basis geben. Um ihn in einem vertretbaren Umfange zu halten, schien es geboten, längere Exkurse über Grillparzers poetische und ästhetische Prinzipien, desgleichen über seine spezifische Dramaturgie oder zur Psychopathologie seiner Person, Verweiszusammenhänge u. ä. nur für die erste Hälfte der Erzählung aufzunehmen.

I. Kommentar, Wort- und Sacherklärungen

3,1–9 *In Wien ... keine:* Der erste Abschnitt der Erzählung fixiert die räumlichen und zeitlichen Koordinaten sowie die situativen Bedingungen des Erzählgegenstandes; er deutet auf einen sozialen Aspekt (3,4 f.) und legt die Erzählhaltung fest (3,8 f.).

Die Eingangspassage der Erzählung, die Zufahrt zu dem Brigittenfest und das ausgelassene Treiben der Besucher, ist entscheidend durch Goethes »Römischen Karneval« (»Zweiter Römischer Aufenthalt: Das Römische Karneval«, in Goethe, »Werke. Hamburger Ausgabe«, Bd. 11, S. 484–515) geprägt worden. Für motivliche Parallelität und fast wörtliche Übereinstimmungen seien hier stellvertretend nur zwei Beispiele und Belege zu dem ersten Abschnitt der »Spielmann«-Erzählung angeführt (im einzelnen sind die Entsprechungen nachgewiesen in: HKA I,13,333 ff.): »Das Römische Karneval ist ein Fest, das dem Volke eigentlich nicht gegeben wird, sondern das sich das Volk selbst gibt« (S. 484). »Der Unterschied zwischen Hohen und Niedern scheint einen Augenblick aufgehoben« (S. 485). Goethe schildert die Straße des Festes (Korso) mit seinem Gedränge, seinen Kutschen und der »aufgehobnen Ordnung« im Zuge der Equipagen. Er spricht von dem »Fest der Saturnalien« (S. 485) und von einem »modernen Saturnal« (S. 514). Der Tanz der Masken und mythologische Tableaus werden neben anderen Besonderheiten dieser Festlichkeit angeführt. Insgesamt wird der Karneval für Goethe zum Gleichnis des Lebens. »Wenn uns während des Laufs dieser Torheiten der rohe Pulcinell [Dienerfigur aus der Commedia dell'arte] ungebührlich an die Freuden der Liebe erinnert, denen wir unser Dasein zu danken haben, wenn eine Baubo [Amme der Demeter, vgl. Kap. II,2] auf öffentlichem Platze die Geheimnisse der Gebärerin entweiht, wenn so viele nächtlich angezündete Kerzen uns an die letzte Feierlichkeit erinnern, so werden wir mit-

ten unter dem Unsinne auf die wichtigsten Szenen unsers Lebens aufmerksam gemacht« (S. 515). Diese »wichtigsten Szenen« sind also: Liebe, Geburt und Tod; das Gedränge auf dem Korso steht sinnbildlich für die »Wege des Weltlebens« (ebd.). Politisch bedeutsam wird das Fest, indem es erkennen läßt, »daß Freiheit und Gleichheit nur in dem Taumel des Wahnsinns genossen werden können« (ebd.). Goethes Erinnerungsbericht an den Römischen Karneval ist 1788, also ein Jahr vor Ausbruch der Französischen Revolution, geschrieben worden.
Grillparzers Erzählung wird in den Anspielungen auf den Demeter-Persephone-Mythos ebenfalls den Zusammenhang von Leben und Tod, den Lebenslauf im eigentlichen Sinne, thematisieren. Politisch wird die Erzählung auf die Juli-Revolution in Frankreich von 1830 zurück- und auf die März-Revolution von 1848 vorausweisen. Die motivlichen Verwandtschaften mit Goethes »Wilhelm Meisters Lehrjahre« werden S. 18, 45 und 104 verzeichnet.

3,1 *Sonntag nach dem Vollmonde:* Ende Juli. Mythologisch gilt Luna, die Mondgöttin, als Beschützerin der ›bigae‹ (zweirädrige, von Pferden gezogene Wagen beim Circusrennen oder bei Prozessionen, z. B. Triumphzügen der Römer). Wagen, der Strom der Menschen gleich einer Prozession, ihr »Kampf« (3,22 f.) deuten auf eine mythologische Verknüpfung des Geschehens.

3,3 *eigentliches Volksfest:* Volksfeste hatten schon in der Antike eine wichtige Funktion, da im damaligen Jahresablauf die regelmäßige Sonntagsruhe fehlte. Sie waren in der Regel religiös-staatliche Feiertage: die Panathenäen, Dionysien, Anthesterien (Frühlingsfest), ludi oder feriae. *eigentliches:* »das Eigenschaftswort vollbringt das sprachliche Kunststück, ein Substantiv in den Superlativ zu heben« (Politzer).

3,5–8 *Vornehmere ... Absonderung:* Einbeziehung des sozialen Aspekts (Vornehme – Volk): egalitärer Charakter des Festes; vgl. 3,19 f.

3,10–12 *Augarten ... Brigittenau:* vgl. Karte S. 9. *Augarten:*

Parkanlage in Wien; *Leopoldstadt / Brigittenau:* Stadtteile Wiens.

3,12 f. *Kirchweihe:* (österr. oft ›Kirchtag‹) bedeutet zunächst ›Kirchenweihfest‹ (Einweihung einer Kirche), dann auch ›Fest zur Erinnerung an die Kircheneinweihung‹ (mhd. kirchwīhe, ahd. chirichwīhī); seit mhd. Zeit speziell auch ›Jahrmarkt, Volksfest‹ wegen der Belustigungen an solchen Festen, vgl. Kirbe, Kirmes (Kirmes geht auf ›kirchmesse‹ – Messe bei der Einweihung einer Kirche – zurück).

3,13 *Brigittenkirchtag:* Die Brigittenau (heute der XX. Wiener Gemeindebezirk) ist das Gebiet zwischen Donaustrom und Donaukanal. Es bildete mit einer heute nicht mehr vorhandenen Donauinsel (»Zwischenbrücken«) ein weiträumiges Auengebiet mit einem Fasanengarten, den Kaiser Josef II. allgemein zugänglich gemacht hatte. Es entstanden dort Gaststätten und Buden, und die Brigitten-Auen wurden zu einer vielbesuchten Vergnügungsstätte, besonders am Brigittenkirchtag und dem – noch häufiger besuchten – Nachkirchtag. Diese sommerlichen Feste, für die eigens Schiffbrücken über die Donau eingerichtet wurden, waren von allen Ständen der Wiener Bevölkerung besucht worden. In der Zeit zwischen 1775 und 1842 hatte dieses Volksfest den bunten Charakter, den Grillparzer in seiner Erzählung vermittelt. Seit der Donauregulierung (1869 bis 1875), die wegen der häufigen Überschwemmungen notwendig geworden war, und der Bebauung des Geländes verloren die Wiener die Freude an ihrem Volksfest, das vorher bis zu 80 000 Menschen angezogen hatte. In diesem Gebiet liegt die Brigittakapelle (um 1650 von Filiberto Lucchesi erbaut, 1902/03 restauriert). Das Altarbild (Erzherzog Leopold Wilhelm vor der hl. Brigitta) stammt aus dem 17. Jh. Der Erzherzog, der zweite Sohn Kaiser Ferdinands II., schlug als Feldherr nach 1640 die Schweden in verschiedenen Schlachten. Zum Dank hierfür wie für einen wunderbaren Glücksfall wurde diese Kapelle gestiftet. »Als der Erzherzog eines Morgens – es war am Festtage der heiligen *Brigitta*, in seinem Lager in der Wolfsau betend

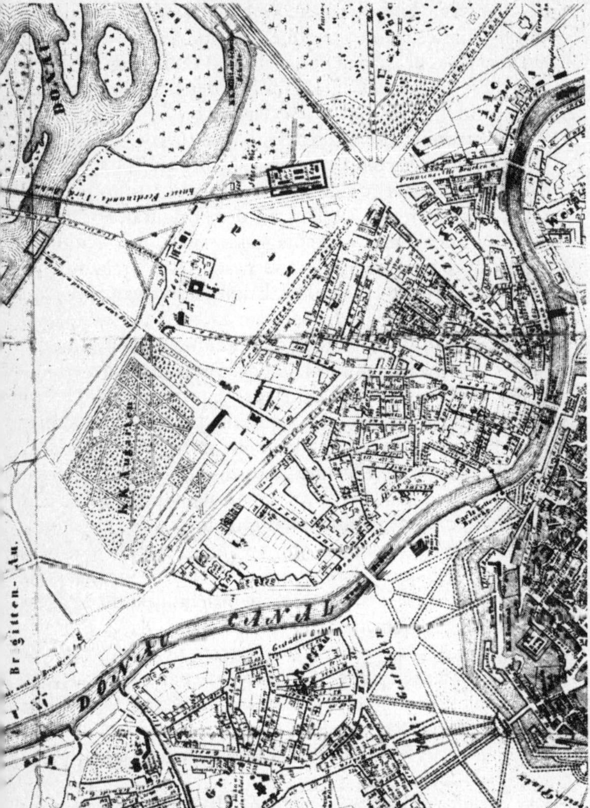

»Neuester Plan der Haupt und Residenzstadt Wien mit ihren sämmtlichen Vorstädten« von Franz Würbel, 1845 (Ausschnitt, mit freundlicher Genehmigung der Württembergischen Landesbibliothek Stuttgart)

auf den Knien lag, flog eine schwedische Kanonenkugel durch sein Zelt und fiel ohne den mindesten Schaden zu verursachen, bei seinen Füßen nieder. Zum ewigen Andenken dieses seltenen Glücksfalls ließ der Erzherzog an derselben Stelle und ganz nach der Form seines Zeltes, der Tagespatronin eine Capelle erbauen, nach welcher die Wolfsau seitdem die Brigittenau heißt« (HKA I,13,327). Unweit davon liegt eine zweite Brigittakapelle (neugotischer Backsteinbau, 19. Jh.) auf dem Brigittaplatz. Heute noch erinnern eine »Kirchtaggasse« und ein »Kirchtagplatz« in diesem Bezirk an das Fest. – Aus der amtlichen Chronik für Juli 1846: »Das Brigittenfest war am ersten Tage ungewöhnlich schwach, am zweiten nur mäßig besucht. Würde die Abhaltung dieses Festes nicht im Interesse des gegenwärtigen Besitzers der Brigittenau liegen, der hierin noch immer eine sehr gute Einnahmsquelle haben soll, so dürfte es schon vor mehreren Jahren abgekommen sein, da die Lokalverhältnisse diese durch den Eigennutz des Besitzers um alle ihre Annehmlichkeiten gebrachte einst so angenehme Au von Tag zu Tag immer mehr in eine Sandsteppe umwandeln. Im allgemeinen wäre die hiesige Bevölkerung noch immer für ein ähnliches Volksfest, bei welchem sich der gesunde Sinn des Wieners für Ordnung und Schicklichkeit so herrlich ausspricht, gestimmt; allein man wünscht es an einem dafür passenden Ort, z. B. in die schattigen Auen des herrlichen Praters zu übertragen, für welchen Wunsch billige Gründe sprechen« (»Wien 1840 bis 1848. Eine amtliche Chronik«, hrsg. von Carl Glossy, T. 2, Wien 1919, S. 88 f.; zit. nach: »Das Vormärzliche Wien in Wort und Bild«, hrsg. von Hans Tietze, Wien 1925, S. 100).

Der Brigittenkirchtag wurde in der damaligen Presse mehrfach erwähnt und geriet zum geradezu dithyrambisch gefeierten Feuilleton-Gegenstand. Man sah ihn als »Nationalfest«, bei dem die Einheit der Bürgerschaft über die sozialen Schranken hinweg sich manifestiere: ein egalitäres Bürgerfest. Friedrich Nicolai (1733–1811) schrieb dazu

Der Brigittenkirchtag 1810

1781: »Diese Feyer gehört zu den Schmausefesten, die der gemeine Mann sehr heilig beobachtet«. Zacharias Werner (1768–1823), der vom romantisierenden Libertin zum biedermeierlichen Savonarola gewandelte Schicksalsdramatiker, preist noch 1807 das Fest als eines der besonderen Ereignisse in Wien. In den dreißiger Jahren des 19. Jh.s wird eine ganze Reihe von Theaterstücken, Singspielen und Pantomimen in Wien aufgeführt, die das Brigittenfest zum Thema haben. 1842 wird in Zeitungen der Niedergang des Festes beklagt, es wird vom »letzten Brigitten-Kirchtag« gesprochen (»Österreichisches Morgenblatt« vom 30. 7. 1842). Stifter plante zu dieser Zeit einen Aufsatz über den Kirchtag, der jedoch nicht zustande gekommen ist. Am ausführlichsten berichtet der Schriftsteller Adolf Glaßbrenner (»Bilder und Träume aus Wien«, Bd. 2, S. 25–46) 1835 über das Fest, auf dem der junge Mozart als Pierrot verkleidet lustwandelte: vgl. Eduard Mörikes Novelle »Mozart auf der Reise nach Prag« (Stuttgart 1982, Reclams Universal-Bibliothek, Nr. 4741, S. 9).
Anzumerken bleibt noch, daß in den Zeitungen auf den langsam sich verlierenden Charakter eines eigentlichen Volksfestes oft klagend eingegangen wurde: die »vornehmen und gebildeten Stände« blieben allmählich dem Treiben fern, die »unteren Volksklassen« prägten das Fest. Die Lokalität, der Damm, der Festeingang (ein Tanzzelt mit einem Torbogen), die Bettelmusikanten mit ihrem dissonanten, kläglichen Spiel, der ausgelassene Tanz: dies fand Grillparzer auf dem Brigittenfest vor und ist in der damaligen Presse immer wieder zur Sprache gekommen. Die Bezeichnung des Festes als »Saturnalien der Wiener« (vgl. 3,15) war der damaligen Wiener Publizistik geläufig.

3,14 *guten Tage das arbeitende Volk:* Gegensatz von Fest und Arbeit.

3,15 *saturnalische Fest:* Die – christliche – Kirchweihe wird auch als saturnalisches, also antik-heidnisches Fest bezeichnet. Die Saturnalien waren ein Fest zu Ehren des Gottes Saturn (17. Dezember); Saturnus: alte etruskische

Gottheit, die von den Römern übernommen worden ist. Vermutlich ein alter Bauerngott, der seit dem 3. Jh. v. Chr. mit Kronos gleichgesetzt wird; im Anschluß an den griechischen Mythos wird er auch als alter König von Latium angesehen, unter dem das Goldene Zeitalter geherrscht haben soll. Die Sklaven hatten während der Saturnalien Narrenfreiheit und aßen gemeinsam mit den Herren. Zu dieser Zeit war auch das sonst streng verbotene Glücksspiel um Geld erlaubt. Das Datum des Festes, die Gemeinsamkeit von Herren und Knechten lassen in den Saturnalien ein altes bäuerliches Winterfest vermuten. Saturn gilt auch als Zeichen für Revolution (vgl. Kap. II,2). Zu Kronos vgl. Anm. zu 6,11 f.; König von Latium: vgl. Anm. zu 6,15 (Dido).

3,16 *Aufruhr:* vgl. 3,33.

3,17 *Eine wogende Menge:* vgl. 3,25 ff. Volk–Strom; 4,5; 5,31; 8,29. Volk als »Masse« thematisiert Grillparzer auch in der Tragödie »Libussa«. – Die Angehörigen der Eleusinischen Mysterien zogen alljährlich in großer Prozession auf der Heiligen Straße zu dem Heiligtum nach Eleusis (vgl. Kap. II,2).

3,19 f. *Unterschied der Stände:* vgl. Anm. zu 3,7 f. Nietzsche sah im dionysischen Fest das Schwinden aller sozialen und konventionellen Schranken, das Eingehen des Menschen in das Ureine, das Sein (vgl. »Die Geburt der Tragödie aus dem Geiste der Musik«).

3,20 f. *Bürger und Soldat:* nicht als Gegensatz wie dann 1848.

3,24 *Donaubrücke:* die Neue Brücke, heutige Augartenbrücke.

3,25 f. *zwei Ströme ... Woge des Volks:* Volk als Strom und Donau-Strom: beide kreuzen sich. Volk als Strom: sowohl eine politische Metapher (insbesondere in der Literatur des Vormärz) als auch ein mythologisches Bild. Die Strom-Metapher hat in der Erzählung verschiedene Gehalte: Lebensstrom; Tränenstrom (vgl. den letzten Satz der Erzählung) als Ausdruck für Schmerz und Trauer bei Barbara;

Ströme der Unterwelt (vgl. Kap. II,2); Zeitstrom für Geschichte; korrespondierende Ausdrücke sind: »Überschwemmung« (3,31; 52,31), »Damm« (6,23; 7,2; 7,9; 8,20); »Land« (5,5 f.); »Hafen« (5,11).

3,31 *Überschwemmung:* vgl. die Überschwemmung der Donau am Ende der Erzählung (S. 52 ff.). Die politische Gewalt des Volkes wird im Gleichnis der Naturgewalt ausgedrückt. Bei der politischen Deutung der Erzählung ist zu beachten, daß die ersten Seiten aller Wahrscheinlichkeit nach im Februar 1831 geschrieben worden sind. Damit müssen sie als eine Replik auf die Juli-Revolution von 1830 in Frankreich verstanden werden. Über sie hat Grillparzer im Tagebuch am 5. August 1830 notiert: »Die Franzosen haben ihren König verjagt, der, ihnen in die Zähne, versucht, die Verfassung zu brechen, und sie zu einer Art – Östreicher zu machen, was denn, bürgerlich und politisch genommen, offenbar das Schlimmste ist, was man irgend werden kann. Ich wollte, ich wäre in Frankreich und ein Eingeborner, ich wäre eben jetzt in Stimmung, mich für eine interessante Sache totschießen zu lassen« (HKA II,9,3 f.). Bei der Veröffentlichung der Erzählung 1847 konnte Grillparzer die Anfangspassage unverändert als Charakterisierung der Atmosphäre der Zeit vor der März-Revolution von 1848 übernehmen. So wurde die Replik auf die französische Juli-Revolution zugleich zur Diagnose der Vormärz-Zeit. – Rudolf II. in »Ein Bruderzwist in Habsburg«: »Und Pöbelherrschaft heißt die Überschwemmung« (3. Akt). Das Bild vom Strom und Gedränge schlägt sich auch in der Syntax nieder: Verschachtelungen und kurze Satzteile spiegeln die Kreuzungen und das Atemlose wider.

3,31 f. *Ein neu Hinzugekommener ... aber:* »Im Entwurf fügte Grillparzer über der Zeile ein: ›aus bewegten Ländern‹, was er wieder wegstrich; ein deutlicher Beweis, daß der Entwurf hinter die Julirevolution fällt (Sauer). ›bewegt‹ steht im Gegensatz zu ›ruhig‹ [3,16], ist also gleichbedeutend mit revolutionär« (HKA I,13,334). Die bedenklichen

Zeichen finden eine bemerkenswerte Einschränkung durch das »aber« (3,32).

3,33 *Aufruhr ... Losgebundenheit:* Revolte und Entfesselung; politische Vorzeichen, aber auch vorausweisend auf das Fest als dionysische Feier (s. Anm. zu 5,10–16). Vgl. Goethe im »Römischen Karneval«: »dieses Fest allgemeiner Freiheit und Losgebundenheit« (S. 514).

4,1 f. *Korbwagen:* sog. »Zeiselwagen«, meist Einspänner mit viereckigem Wagenkorb, aus Rohr geflochten, und mit Sitzen für 6 Personen. Auf Stangen lag ein leinenes Dach mit ledernen Vorhängen an den Seiten. Der Korbwagen gehört jedoch auch zu den Attributen von Demeter (vgl. den Kallimachos-Hymnus auf Demeter, Kap. II,2).

4,2 f. *Hierophanten:* Weihepriester und Lehrer heiliger Bräuche, besonders bei den Eleusinischen Mysterien, dem geheimen Demeter-Kult (Fruchtbarkeitskult) in einem Weihetempel (Telesterion). Es gab jeweils nur einen Hierophanten, die Würde war erblich (vgl. Kap. II,2).

4,3 *Kinder:* nicht auf das Lebensalter bezogen; i. S. von ›Angehörige der arbeitenden Bevölkerung‹. In Grillparzers »Poète sifflé« (»Grillparzers Werke in zwanzig Bänden«, Stuttgart, 5. Aufl. o. J., Bd. 13, S. 86): »Tochter der Dienstbarkeit«; in »Die Jüdin von Toledo«: »Der Arbeit Kinder« (5. Akt).

4,5 *Menschenmasse:* vgl. 3,17 und 5,31.

4,6 *öffnet und ... schließt:* Das Öffnen und Schließen gehört zum Symbolkreis der Erdmutter-Mythen; es steht für das Gebären (vgl. Kap. II,2). Goethe wählt im »Römischen Karneval« folgendes Bild: »Und wie das Wasser, wenn ein Schiff durchfährt, sich nur einen Augenblick trennt und hinter dem Steuerruder gleich wieder zusammenstürzt, so strömt auch die Masse der Masken und der übrigen Fußgänger hinter dem Zuge [der Zug des Gouverneurs und Senators] gleich wieder in eins zusammen« (S. 498).

4,7–11 *stillschweigender Bund ... Aufmerksamkeit:* Diese stillschweigende Wiener »Verkehrsregelung« wurde in der damaligen Presse mehrfach angesprochen. Die Geschicklichkeit der Wiener Kutscher war sprichwörtlich geworden (vgl. Anm. zu 4,30).

4,14 *Equipagen:* (frz.) elegante Kutschen.

4,15 *fliegen:* hyperbolischer Ausdruck für ›schnell fahren‹; verweist auf den geflügelten Wagen des Triptolemos (vgl. Kap. II,2). Vgl. auch: 4,5; 4,27 und 4,34.

4,17 *Atome:* Gegensatz zur Masse: Individualität–Masse.

4,20 f. *Besser ... gegangen:* Wiener Abwandlung des geläufigen Sprichworts: »Besser schlecht gefahren, als gut gegangen.«

4,22 *Begafft:* gaffen: verwundert, neugierig schauen; eigtl. ›mit offenem Mund anstarren‹.

4,22 f. *geputzten:* Putz i. S. von ›Schmuck, Zierat‹ (seit 17. Jh.).

4,23 f. *scheinbar stillestehenden Kutschen:* vgl. 5,1–4.

4,25 *Holsteiner Rappe:* wertvolles Zuchtpferd.

4,27 *obenhin über diesen hinaus:* Anspielung auf soziale, gesellschaftliche Rangstufe; ebenso auf den geflügelten Wagen des Triptolemos, vgl. Anm. zu 4,15 und Kap. II,2.

4,29 *Plebejer:* urspr. Angehöriger der Plebs (das sog. gemeine Volk im alten Rom im Gegensatz zu den Patriziern) aus lat. plebeius ›zur Plebs gehörend‹; dann abwertende Bezeichnung i. S. von ›gemeiner, ungebildeter, ungehobelter Mensch‹. *Plebejer-Fuhrwerks* im Gegensatz zu *Equipagen* (4,14).

4,30 *Fiaker:* (österr.) Mietkutsche, Pferdedroschke, dann auch Bezeichnung für Kutscher, der einen Fiaker fährt. Geht zurück auf das Hotel Saint-Fiacre in Paris, wo die ersten Mietkutschen standen (um 1650); der Hotelname selbst bezieht sich auf den heiligen Fiacrius. In seinem Buch »Der Fremde in Wien« (Wien 1829, S. 25 ff.) schreibt Wilhelm Hebenstreit (Hebenstreit hatte als Redakteur der »Wiener Moden-Zeitung« 1817 bei der Auseinandersetzung um Grillparzers dramatischen Erstling, »Die Ahnfrau«, die Polemik gegen Grillparzer mit dem Vorwurf des Plagiats von Müllners »Schuld« und des undifferenzierten Einsatzes des Fatums angeheizt): »Wien im Innern ist überall, und der größte Theil der Vorstädte, wenigstens in den Hauptstraßen, mit einem Trottoir versehen. Man darf daher des schnellen Fahrens wegen keine Besorgniß haben. Unglücksfälle ereignen sich außerordentlich selten, und fänden vielleicht nie statt, wenn alle Kutscher in der Schule der Fiaker gezogen wären. Der Fremde mäßige nur seine Schritte an jenen Stellen, wo Seitenstraßen mit der Hauptstraße sich vereinigen oder sie durchschneiden. Aber auch hier lassen die Stimmen der Kutscher sich kräftig vernehmen, oder die Fußgänger rufen zur Vorsicht auf.« Andere Zeugnisse sind abgedruckt in HKA I,13,334 ff.

5,1–4 *Endlich ... Hoffnungsstrahl:* Grillparzer formuliert hier in einer Sentenz ein geschichtliches Prinzip: die Entwicklung, die Progression als das Wesen der Geschichte. Zwar kann es scheinbar Stillstand für den einzelnen geben, jedoch nicht für das Ganze; bezogen auf die erzählte Wirklichkeit: selbst wenn jeder Festbesucher im Verhältnis zu seinem Nächsten stillzustehen scheint, so ist er doch Teil der bewegten Menge. Das einzelne und das Ganze sind in Wahrheit in einem ständigen Werden begriffen. In dem Schauspiel »Ein Bruderzwist in Habsburg« will Kaiser Rudolf den geschichtlichen Stillstand; er wird jedoch durch die Ereignisse, durch die Geschichte selbst, überrollt. Dem *status quo* (gegenwärtigen Zustand) erscheint ein Hoffnungsstrahl, d. h., jeder Zustand der Geschichte hat seine eigene Zukunft und Entwicklungsmöglichkeit. Dieses vorsichtig formulierte Gesetz der Geschichte ist auf dem Hintergrund der Lebenszeit Grillparzers zu sehen, der Zeit der Restauration unter Metternich. Es ist ein Widerspruch gegen die restaurative Geschichtsauffassung, den »kategorischen Traditionalismus«.

5,5 f. *Land! Land! Land!:* »Hier ist das Bild vom Strome festgehalten, aus dem Strome heraus ist der Ruf empfunden, der im Gegensatz steht zu dem θάλαττα, θάλαττα [Meer! Meer!] der Griechen in Xenophons ›Anabasis‹« (HKA I,13,336); vgl. »Die Argonauten«, V. 230 ff.

5,10–16 *bis endlich ... vereinigen:* Beschreibung der Kirchweihe als saturnalisches Fest bzw. als dionysische Festlichkeit (Wein, Musik, Tanz); jedoch wird auch der zirzensische Charakter des Jahrmarkts festgehalten (Seiltänzer); vgl. hierzu die »große Gesellschaft Seiltänzer, Springer und Gaukler« in Goethes »Wilhelm Meisters Lehrjahre« (Buch 2, Kap. 4). Alliteration: *Wald und Wiese ... Schattenspiel und Seiltänzer.* Goethe im »Römischen Karneval«: »so gibt es bis zum Puppenspiel und zur Seiltänzerbude herunter noch manche subordinierte Schauspiele« (S. 509).

5,11 *Hafen:* Die »Wiener Zeitschrift« (Nr. 150, S. 1198) spricht 1842 von einem »Sicherheitshafen der Volksbelustigungen«.

5,13 *Erleuchtung:* eigtl. ›Beleuchtung‹; Illumination.

5,14 *pays de cocagne:* frz. für ›Schlaraffenland‹; seit dem 12./13. Jh. afrz. bezeugt als ›pai de c.‹. Vom Mittelniederdeutschen übernommen ›kekonje‹: Kuchenfladen aus Zucker und Sirup, der auf Jahrmärkten feilgeboten wurde; danach wäre der Sinn etwa: Honigkuchenland. *pay:* lat. pagus ›Landstrich; *cocagne:* lat. coquere ›kochen‹; danach: »Land der Schmauserei« (HKA I,13,336). Wieland (»Teutscher Merkur«, 1778): »Wir eilen mit unsern Argonauten nach diesem berühmten O-Tahiti, welches seit der ersten Nachricht, die uns Herr von Bougainville davon gegeben, eine Art von Schlaraffenland oder Pays de cocagne für unsre Europäer geworden ist.« Dies nimmt Bezug auf Georg Forsters »Reise um die Welt« (1772–75) – Achtes Hauptstück –; O-Tahiti wird zu einem – von den Zeitgenossen oft aufgegriffenen – utopischen Lande, die kleine Halbinsel zu einem idealen Ort. [Das O vor Tahiti »betrachtet man heute nicht als einen Artikel, sondern als eine das folgende Wort hervorhebende Partikel« (Conrady).]

5,14 f. *Eldorado:* span. El dorado ›der Vergoldete‹; el dorado pais ›das vergoldete Land‹; zuerst als Beiname eines Inkakönigs gebraucht, der sich mit Öl bestreichen und mit Gold bestäuben ließ, dann Bezeichnung für ein sagenhaftes

Tänzer auf dem Brigittenkirchtag
Farbige Radierung

Goldland in Südamerika; allgemein: Wunschland. 1808 hat Grillparzer das antiklerikale, Wiener und österreichische Zustände in exotischer Verkleidung kritisierende Märchen »Alzindor, Prinz von Eldorado« (HKA II,6,41 ff.) geschrieben. »Ebenfalls ein für die Brigittenau offenbar damals geläufiger Ausdruck, vgl. ›Österreichischer Zuschauer‹ 1839, S. 998: ›als hätte ein ganzes Volk die Wanderung nach dem Eldorado der Freude angetreten‹« (HKA I,13,337).

5,15 *Schlaraffenlande:* Schlaraffe: spätmhd. slūr-affe, ein wie Maulaffe gebildetes Schimpfwort für den Faulenzer, enthält mhd. slūr ›das Herumtreiben; träge oder leichtsinnige Person‹. In der Nebenform ›sluderaffe‹ steckt ›schludern, liederlich arbeiten‹. Beide Formen gehören zur Sippe von ›schlummern‹. Frühnhd. Schlau(d)raffe hat seit dem 17. Jh. durch Verlagerung des Tons die heutige Form ergeben. Es verband sich mit diesem Wort die – schon antike – Vorstellung von einem Märchenland voll guter Speisen. Es heißt zuerst bei Hans Sachs Schlauraffen-, später Schlaraffenland, ›Land der Schlemmer und Faulenzer‹; vgl. auch »Das Märchen vom Schlaraffenland« von Ludwig Bechstein und E. T. A. Hoffmanns »Des Vetters Eckfenster«. Grillparzer spricht in der »Selbstbiographie« (1853) von seiner Studentenzeit als »diesem sorglosen Schlaraffenleben« (HKA I,16,96).

5,18 f. *Traum einer Sommernacht:* Anspielung auf Shakespeares »Sommernachtstraum«. Goethe im »Römischen Karneval«: »So ist denn ein ausschweifendes Fest wie ein Traum, wie ein Märchen vorüber, und es bleibt dem Teilnehmer vielleicht weniger davon in der Seele zurück als unsern Lesern, vor deren Einbildungskraft und Verstand wir das Ganze in seinem Zusammenhange gebracht haben« (S. 514).

5,21 *Ich:* Wechsel der Erzählhaltung. Hinter dem Erzähler tritt der Autor Grillparzer hervor. Sein Verhältnis zum Volk ist eine Wirkung von Herders Volks- (und Volkslied-) Verständnis. Neben dem »leidenschaftlichen Liebhaber der

Menschen« ist der Erzähler/Autor aber auch ein von einem »anthropologischen Heißhunger« (8,32 f.) Getriebener.

5,25–29 *zehnmal interessanter ... Matadors:* Grillparzers radikale Kritik der Kritiker. In seinem Aufsatz »Zur Literargeschichte« (1860) bemerkt Grillparzer – ähnlich in der »Selbstbiographie« – über das Publikum: »In Deutschland ist der Wert des Publikums nie genug erkannt worden. Schiller und Göthe haben an kleinen Orten gelebt und daher den Eindruck dieser großartigen Erscheinung nie empfunden, weshalb sie auch von der unberufenen Menge abschätziger sprechen als billig. Für seine Gedanken und Intenzionen muß der Dichter selbst einstehen; ob er aber mit der Darstellung die allgemeine Menschen-Natur getroffen, kann er nur vom Publikum erfahren. Dieses ist, nicht ein gesetzkundiger Richter, wohl aber eine Jury, die ihr schuldig oder nicht schuldig nach gesundem Menschenverstande und natürlicher Empfindung ausspricht« (HKA I,14,169). Dieser Text ist zumindest auch eine späte Replik auf die Wirkung seiner »Ahnfrau«, die vom Publikum – im Gegensatz zur Kritik – begeistert aufgenommen worden ist. Seit 1838 sein Lustspiel »Weh dem, der lügt!« durchgefallen war, war er nicht nur den Kritikern gram, sondern hatte er sich vollständig von der literarischen Szene zurückgezogen. – Das Publikum des Theaters (Burgtheater!) ist jedoch nicht *das* Volk. – Vgl. hierzu die Gedichte »Bretterwelt« (HKA I,10,154 ff., Nr. 85) und »Vox populi« (HKA I,12,158, Nr. 928).

5,28 *von dem Blut ausgesogener Autoren:* Vor allem ist dies gegen August Wilhelm Schlegels Vorlesungen »Über dramatische Kunst und Literatur« gerichtet, die in verschiedenen Aufsätzen von Grillparzer mit Kritik und Polemik bedacht wurden.

5,29 *Matadors:* Matador: Hauptkämpfer beim Stierkampf; er muß den Stier töten.

5,32 f. *Zwecke vergessen ... Teile des Ganzen ... das Göttliche:* Im Vergessen der Zwecke und der Interessen gibt der einzelne seine Besonderheit auf, sieht er ab von seiner jeweiligen Eigentümlichkeit und kann sich dabei als Teil des Ganzen fühlen. Nietzsche sieht im Vergessen die Möglichkeit, sich vor der Flut der entfremdenden Zwecke zu retten und das kräftige Leben zu bewahren. Das Göttliche wird dabei nicht im christlichen Sinne verstanden, sondern als die ausgezeichnete Allgemeinheit des Ganzen: Wenn der einzelne als Teil des Ganzen bezeichnet wird, dann nimmt er am Göttlichen teil. Er geht ein in die (nicht soziologische!) Masse, genauer: in die dionysische Masse, die in der Zurücknahme jeder Individuation die Einheit mit dem Sein ermöglicht. Nach Schopenhauer stellt sich dieser Zustand ein in der Indifferenz der Willensstrebungen, bei Nietzsche in der Überwindung der sich im apollinischen Schein bewahrenden Individualität. In Hölderlins Dichtung ist das Göttliche die »Einheit mit allem, was lebt« (»Hyperion«), ein harmonischer Zustand von Mensch, Natur und Geschichte. Goethe sieht im vollkommenen Menschen (im sittlichen, kantischen Sinne) ein Vorbild (Präfiguration), einen Vorgriff auf das Göttliche (»Grenzen der Menschheit«, »Das Göttliche«). Bei Grillparzer ist das Göttliche die Negation von Besonderheit, das Ganze ist als das Allgemeine das Göttliche. Tritt der Mensch aus der Besonderheit seiner Zwecke, dann kann er sich temporär – durch Überwindung der Individuation – in der Allgemeinheit, im göttlichen Sein finden. (Die Begriffe »Einzelheit«, »Besonderheit« und »Allgemeinheit« werden hier nicht im logisch-spekulativen oder im formal-logischen Sinne verstanden.) Deshalb ist für ihn das Volksfest – als Ort der dionysischen Masse – ein *eigentliches Seelenfest, eine Wallfahrt, eine Andacht* (5,35). Politisch gewendet erscheint die Einheit der Menschen in dem Gedicht »Bretterwelt«, dessen Schlußverse lauten: »Am Arme seines Nachbars im Gedränge / Fühlt jeder die gesteigert fremde Glut, / Und über sie kommt das Gefühl der Menge, / In dem der Mensch verzehnfacht, schlimm wie gut, / Der weiß, er teilt im Blicke mit sein Wissen, / Der Fühlende im Atem sein Gefühl; / Der einzelne ist seinem Selbst entrissen, / Zählt nur als Woge, schwindend im Gewühl. / Dann aber – fort von deinem Aug' die Wolke, / Dann sprechen wir zu dem und jenem nicht, / Dann sprechen zur Gesamtheit wir, zum Volke, / Und die sind's wert, daß man mit ihnen spricht« (Grillparzer, »Gedichte«, S. 23). Vgl. E. T. A. Hoffmann, »Des Vetters Eckfenster«: »Jener Markt bietet dir nichts dar als den Anblick eines scheckichten, sinnverwirrenden Gewühls des in bedeutungsloser Tätigkeit bewegten Volks. Hoho, mein Freund, mir entwickelt sich daraus die mannigfachste Szenerie des bürgerlichen Lebens, und mein Geist, ein wackerer Callot oder moderner Chodowiecki, entwirft eine Skizze nach der andern, deren Umrisse oft keck genug sind« (S. 7). »›Dieser Markt‹, sprach der Vetter, ›ist auch jetzt ein treues Abbild des ewig wechselnden Lebens. Rege Tätigkeit, das Bedürfnis des Augenblicks trieb die Menschenmasse zusammen; in wenigen Augenblicken ist alles verödet, die Stimmen, welche im wirren Getöse durcheinanderströmten, sind verklungen, und jede verlassene Stelle spricht das schauerliche: ›Es war!‹ nur zu lebhaft aus‹« (Stuttgart 1980, Reclams Universal-Bibliothek, Nr. 231, S. 37).

5,34 *als einem solchen:* Konstruktionswechsel (Dativ statt Nominativ) gegenüber 5,22 und 5,30 bei Wiederaufnahme (epanaleptisch).

5,36 *aufgerollten ...:* Bezug auf antike Buchrolle.

6,1 *Plutarch:* popularphilosophischer Schriftsteller und Biograph (um 45–125 n. Chr.) aus Chaironeia (Böotien); bekannt vor allem durch seine Biographien, unter denen die parallelen Lebensbeschreibungen (Βίοι παράλληλοι) herausragen: es wird jeweils ein bedeutender Römer mit einem entsprechenden Griechen zusammengestellt und verglichen, z. B. Theseus (Gründer Athens) mit Romulus, Alexander d. Gr. mit Caesar, Demosthenes mit Cicero (Rhetoriker), Agis und Kleomenes mit den beiden Gracchen (Sozialreformer), insgesamt 24 Paare. Jede Figur wird nicht nach primär historischen, sondern vielmehr nach ethischen und didaktischen Gesichtspunkten beschrieben; die Synkrisis ist der Versuch, Gemeinsames und Individuelles zu erkennen. Plutarch versucht dabei, die Römer und die Griechen als gleichberechtigt und gleichwertig, die Kultur als Grundlage des römischen Imperiums darzustellen. Außerdem sind von ihm zahlreiche philosophische Schriften (»Moralia«) auf uns gekommen. – Wirkung auf: Montaigne (»Essais«), Shakespeares historische Dramen, Friedrich II. von Preußen, Schiller, Napoleon, Nietzsche. Die Darstellungen der antiken Sozialrevolutionäre wurden in der Französischen Revolution wichtig. Grillparzer war ein guter Kenner Plutarchs.

6,1–7 *lese ich ... zusammen:* Dies kann als Hinweis auf Grillparzers literarisches Verfahren im »Armen Spielmann« gelesen werden: Aus verschiedenen realistischen Details wird mittels der Einbildungskraft eine fiktionale Biographie entworfen.

6,8 *Obskuren:* lat. obscurus ›unbekannt, verdeckt, verdächtig, zweifelhafter Herkunft‹, hier: die Unbekannten, Namenlosen.

6,9 *Wortwechsel:* Goethe im »Römischen Karneval«: »Fußgänger, Kutschenfahrer, Zuschauer aus Fenstern, von Gerüsten oder Stühlen greifen einander wechselsweise an und verteidigen sich wechselsweise« (S. 500). Goethe meint hier einen Angriff mit Konfetti; mehrfach ist in seiner Darstellung des römischen Karnevals von einem »Wortwechsel« der Teilnehmer des Festes die Rede.

6,11 *Faden:* 1. Schicksalsfaden: Die Schicksalsgöttinnen (griech. Moira, Tyche; lat. Parca, Fata oder Fortuna) spinnen den Schicksalsfaden der Sterblichen. Im griechischen Mythos: Klotho spinnt den Faden, Lachesis erhält und bewahrt ihn, Atropos durchschneidet ihn. – 2. Text: in spätmittelhochdeutscher Zeit aus lat. textus ›Gewebe, Geflecht; Verbindung, Zusammenhang‹ (von freier Rede oder Schrift); etymologisch verwandt mit griech. τέκτων ›Baumeister‹ und τέχνη ›Kunst, Handwerk, Fertigkeit‹. *Faden* läßt sich hier sowohl auf das Schicksal beziehen als auch auf das ›Gewebe‹, den Text, sowie auf das Erzählen selbst (vgl.

7,25 f.; 20,12; »Faden seiner Erzählung« 20,8 f.). Die drei unglücklich Liebenden – Julia, Dido und Medea (6,15) – und der »Fehltritt« der jungen Magd (6,12 f.) werden durch einen Schicksalsfaden verbunden.

6,11 f. *Zwist der Göttersöhne:* der Streit zwischen Achill und Agamemnon in Homers »Ilias« (1. Gesang).

6,12–14 *der jungen Magd ... folgt:* vgl. Goethes Gedicht »Der Schäfer putzte sich zum Tanz« aus »Faust I«.

6,15 *Julien:* vgl. Shakespeares Liebestragödie »Romeo und Julia«, in der das Liebespaar – äußerlich gesehen – an der Fehde der Familien, der Montagues und der Capulets, zugrunde geht.

Didos: Dido, nach der Sage Tochter des Königs von Tyros (Syrien), flieht vor ihrem Bruder Pygmalion nach Afrika. Sie soll von König Iarbas so viel Land bekommen, wie sie mit einer Rinderhaut abdecken kann. Sie schneidet aus einer Rinderhaut einen Riemen und steckt das Gebiet der späteren Burg von Karthago ab; so wird sie zur Gründerin von Karthago. Als Aeneas, der aus Troja entkommen ist und auf Geheiß seiner Mutter Aphrodite eine neue Heimat sucht, ihr begegnet, beginnt Didos tragische Liebesgeschichte. Aeneas verschmäht Didos Liebe, sie begeht daraufhin Selbstmord (vgl. Vergil, »Aeneis«, Buch 4).

Medeen: Medea, die Titelheldin der Tragödie des Euripides (480–406 v. Chr.), wird aus verschmähter Liebe – entgegen der Sage – zur rasenden Mörderin ihrer Kinder. Medea hatte Jason das Leben gerettet, für ihn das goldene Vlies geraubt usw.; seine Liebe zu ihr ist jedoch erloschen, und er heiratet die Tochter Kreons, Glauka. Als in dieser Situation die Verbannung über sie verhängt wird, schreitet sie mit fanatischer Leidenschaft zur grausamen Rache. Der Medea-Stoff wurde u. a. auch von Ovid, Corneille und von Grillparzer (in der dramatisierten Argonautensage »Das goldene Vließ«, dem dritten Teil dieser Trilogie) gestaltet. – Grillparzer stellt neben die Realität ihre Deutung im mythischen Analogon. Die Obskuren, die Karrenschieber und Mägde, werden mit ihrem Schicksal zu Gestalten, die dem antiken Mythos eine neue Gegenwärtigkeit verleihen (vgl. in diesem Zusammenhang auch die »Ständeklausel«). In seinen – nach 1830 uraufgeführten – Dramen hat Grillparzer neben hohem (mythologischem, geschichtlichem) auch niederem Personal »Heldenrollen« zugedacht (Rustan in »Der Traum ein Leben«; Leon in »Weh dem, der lügt!«).

6,16 *vor zwei Jahren:* vgl. die Entstehungsgeschichte der Erzählung (Kap. II,1).

6,17 *lustgierigen ...:* Solche oder ähnliche Formulierungen kommen auch in zeitgenössischen Berichten über die Wiener vor, z. B. bei Friedrich Nicolai und Zacharias Werner.

6,21 *hart:* hier: dicht, direkt.

6,22 *Kampf:* vgl. 3,23.

6,24 *Befriedungen:* Einfriedungen, Umzäunungen; vgl. mhd. (be)vriden ›Schutz verschaffen, umzäunen‹.

6,32 *endlose Menge:* vgl. 3,17; 4,5; 5,31; 7,1.

6,33 f. *durchkreuzt:* vgl. 3,27; 8,29 f.

7,1 *Zug:* im Entwurf zuerst ›Strom‹ (nach HKA I,13,338).

7,2 f. *Mitte des Dammes, bereits auf klassischem Boden:* vgl. 6,23 ff. und 9,13. Diese Ortsangabe ist vor allem eine Bestimmung des literarischen Standorts von Grillparzers Erzählung, ein Hinweis auf ihre poetische Eigentümlichkeit. Der Erzähler hat die Alltagswelt, die reale Welt hinter sich gelassen und begibt sich zu dem Festgeschehen. Das Fest wurde bisher unter verschiedenen Aspekten als antik-saturnalisch, als dionysisch und als christlich beschrieben; diese Festlichkeit ist weitgehend in Mythologemen ausgedrückt. Wenn der Erzähler auf der Mitte des Dammes – er entspricht mythologisch der Heiligen Straße (Demeter-Kult), ebenso ist er die Verbindung zwischen zwei Lustorten, die durch einen besonderen Eingang (*Gittertor* 6,27; *Propyläen* 7,11 f.) begrenzt werden; dann symbolisch die Verbindung von realer und mythischer Welt – sich befindet, dann gilt für seine Erzählung eine Mitte von realistischer und mythischer Darstellungsweise. ›Klassischer Boden‹ heißt also: eine Literatur in der Verbindung von Realismus und Mythos, mythischer Realismus. Hier zeigen sich besonders eindrucksvoll die verschiedenen Sinnschichten, die Grillparzer in seiner Erzählung aufbaut. Sie verlangt vom Rezipienten ein analytisches Lesen. (Zur Unterscheidung von ›mythisch‹ und ›mythologisch‹: Ich verwende den Ausdruck »mythisch« bei der Inanspruchnahme des Mythos für die Erzählgestaltung oder wenn der Mythos zum literarischen Motiv wird. Hermeneutische Aspekte des Mythos werden als ›mythologisch‹ bezeichnet.)

7,4 *Ausbeugen:* Ausbiegen, ausweichen (›beugen‹ gehört etymologisch zu ›biegen‹).

7,5 *Zeit:* Zeit als Bedingung für Kontemplation, jedoch auch die Fundamentalkategorie der Literatur (vgl. 19,26 f.); so in Lessings »Laokoon«.

7,8 *Seligkeit:* Die Menge wird als *genußlechzend* (7,6 f.) charakterisiert; sonst wählt Grillparzer den Ausdruck ›Lust‹ (und die entsprechenden Verbindungen): *Lustreihe* (3,11 f.), *Lust* (3,33; 9,18), *Hafen der Lust* (5,11), *Lustorte* (6,25), *Lustwandelnden* (6,35). Dies steht in Verbindung mit 5,6: *Alle Leiden sind vergessen.* Lust spielt in der Philosophie und Ethik bei Aristippos, Epikur, in der Stoa usw. eine bedeutende Rolle (vgl. Hedonismus, von griech. ἡδονή ›Lust‹). Hier bezogen auf Seligkeit, vielleicht auch auf das Elysium (im griechischen Mythos das Land der Seligen in der Unterwelt).

7,11 f. *Propyläen:* (griech.) Torbauten; am bekanntesten die P. der Akropolis von Athen (437–432 von Mnesikles aufgeführt); die P. in München von Leo von Klenze und das Brandenburger Tor in Berlin von Carl Gotthard Langhans sind Versuche der Nachahmung. Heute noch finden sich in Griechenland oft hölzerne Hoftore mit Satteldach (vgl. 6,27). Hier: Eingangstor zum Fest (Kirchweihe, saturnalisches, dionysisches Fest); – in Eleusis (vgl. Eleusinische Mysterien, Demeter-Kult) trennte eine besondere Mauer das innere, eigentliche Heiligtum von dem äußeren, mehr profanen Teil. Haupteingang waren die nach dem Muster der Propyläen von Athen gebauten »Großen Propyläen«, in der jetzigen Form aus der Zeit Marc Aurels; in den inneren heiligen Bezirk führten die »Kleinen Propyläen«, um 50 v. Chr. von Appius Claudius Pulcher begonnen. Dort befand sich das Telesterion für den Vollzug der Mysterien (nach Pauly). Vgl. hierzu insbesondere Kap. II,2.

7,13 *einernten:* Ernten gehört zum Symbolkreis der Demeter, der Göttin des Korns und der Fruchtbarkeit im allgemeinen (vgl. Kap. II,2).

7,13/15/20 *Harfenspielerin/Stelzfuß/Knabe:* Die drei Musikanten vor dem Festeingang sind eine Darstellung der dreigestaltigen Hekate (ausführlich hierzu: Kap. II,2). Im »Conversationsblatt« (Nr. 65 vom 15. 8. 1821) heißt es in einem Artikel von Johann Langer: »Hier diese zweyte Sappho, die ihre Kupfertöne [...] wie Leimruthen nach der horchenden Menge auswirft, hat ihr Kokettiren und ihre Gebärden gewiß von einer Opernsängerin abgelernt. Wir wenden uns mit Widerwillen von dieser alten Auflage des weiblichen Geschlechts« (zit. nach: HKA I,13,338). Glaßbrenner (s. Anm. zu 3,13) erwähnt einen »achtjährigen Paganini« (S. 26). Die Praterharfenisten fanden bis ins 20. Jh. ihr Publikum; Ferdinand Raimund setzte ihnen in seiner Komödie »Die gefesselte Phantasie« (1828) ein Denkmal.

7,14 *starrenden:* Ursprünglich hatte Grillparzer »glotzenden« geschrieben (HKA I,13,338).

7,14 f. *invalider Stelzfuß:* Invalide (lat. invalidus ›schwach, kränklich‹) mit amputiertem Bein und einer Stelze als »Prothese«; pars pro toto: der Teil (Stelzfuß) steht für das Ganze (Person).

7,16 *Hackbrett:* ein Saiteninstrument in der Art einer Zither (Stahlsaiten), das mit zwei Hämmerchen geschlagen wird (seit dem 15. Jh.); damals ein typisches Instrument von Jahrmarktmusikanten.

7,18 f. *analoge Weise:* Mit seinem Musizieren verwundet er die Ohren seiner Zuhörer, ein *höllisches Konzert* wie 17,9.

7,22 *hektischen:* Gemeint ist »schwindsüchtigen« (HKA I,13,338).

7,24 *ganze Aufmerksamkeit:* vgl. 8,13; durch parenthetische Stellung besonders hervorgehoben.

7,25 *leicht:* wie ›vielleicht‹, jedoch bestimmter.

7,25 f. *fadenscheinigen:* vgl. Anm. zu 6,11. Grillparzer kam zur Probe seiner »Ahnfrau« selbst in einem »fadenscheinigen Überrock«, wie er in der »Selbstbiographie« (HKA I,16,123) berichtet. Über die Bedeutung der »Selbstbiographie« bemerkte Musil 1905 in seinem Tagebuch: »Das ist vornehmer Chronistenstil; so sollte mein Roman geschrieben sein! – – –« (Robert Musil, »Tagebücher, Essays und Reden«, hrsg. von Adolf Frisé, Hamburg 1955, S. 84).

7,26 f. *Molltonüberrock:* von franz. mollet ›weich‹; »die Schreibung Mollton ist eine Mischung von Molton und Moll, die beide wollenes Dichtzeug, Nordertuch bezeichnen« (Sauer).

7,31 *vielzersprungene:* homerische Wortbildung.
Takt: lat. tactus ›Schlag‹; eine Gruppe von Zählzeiten; das qualitative Ordnungsprinzip der Musik, bestimmt von der nach dem Beispiel des Atemzuges oder Pulsschlages gleichmäßig ordnenden Handbewegung des Dirigenten oder der Fußbewegung des Instrumentalisten. Der Taktstrich weist auf den Schwerpunkt der neu beginnenden Periode von Einheiten (nach: Thiel).

7,31–35 *nicht nur ... Einheit in seine Leistung:* Nietzsche unterscheidet den apollinischen vom dionysischen Künstler. Während der apollinische Traumkünstler das Kunstwerk als schönen Schein vor sich hat, ist der dionysische Künstler selbst zum Kunstwerk geworden. Er teilt den Rhythmus des Lebens, und er ist eins mit der Dynamik des Seins, mit dem Einheitsgrund aller Dinge. Musik ist für Nietzsche Symbol des dionysischen Seins.

7,35 *Einheit:* hier als ästhetische Kategorie. Grillparzer: »Das Gefühl des Schönen ist das Gefühl der Ganzheit, das Gefühl der Einheit alles Endlichen in einem Unendlichen« (HKA II,7,339 f.).

8,1 f. *unzusammenhängende Folge ... Melodie:* vgl. 17,9 *höllischen Konzertes* oder 14,27 f.: *Kratzt der Alte einmal wieder.«* Vgl. auch 8,11 und 9,7 (*Zusammenhange*).

8,1 f. *Zeitmaß:* Tempo: die Geschwindigkeit, ihre Steigerung und Minderung, die die Dauer der einzelnen Zählzeit bestimmen, ausgehend vom Pulsschlag oder der durchschnittlichen Schrittzeit und dem Charakter des musikalischen Stückes entsprechend. Außer den errechneten Werten, wie sie das Metronom vermittelt, oder den relativen, aus ursprünglichen Vortragsangaben entstandenen, mehr vom Affekt beeinflußten Tempobezeichnungen wird die Wahl des Tempos von dem technischen Können, von der Größe des Klangkörpers und der jeweils geforderten Lautstärke und Spielweise und von den akustischen Gegebenheiten des Raumes bestimmt. Die ältere Musik bis etwa 1600 trägt keine Tempobezeichnungen. Daß die persönlichen Auffassungen des Interpreten das Tempo beeinflussen und dabei erhebliche Differenzen auftreten können, beweisen z. B. die Bayreuther Aufführungen des »Parsifal« durch Richard Strauss und Arturo Toscanini mit einem Zeitunterschied von 50 Minuten (nach: Thiel).

8,2 *Melodie:* von griech. μέλος ›Weise‹, ᾠδή ›Gesang‹; eine Folge von Tönen verschiedener Höhe, lebendig verbunden durch die Art ihrer Bewegung in Zeit und Tonraum, durch die dadurch entstehenden Beziehungen zueinander und zum Ganzen und durch die Dynamik ihres Verlaufs. Die Funktionen der Tonschritte innerhalb der Tonalität, Rhythmus und Dynamik bestimmen die Gestalt der Melodie als Ausdruck im Unterschied von der bloßen Summe von Tönen. Während E. Kurth die ganze Melodiegestalt als konstitutive Kraft in der Musik ansah (ähnlich u. a. J.-J. Rousseau und R. Wagner), hob E. Toch den rhythmischen Bestand der Melodie hervor. H. Riemann betrachtete hauptsächlich die Harmonie in und zu ihr. Die harmonisch gegründete Melodie gehörte zur Musik der klassisch-romantischen Periode, während später in der Regel die Harmonielehre den Vorrang der Harmonie gegenüber der Melodie behauptete (nach: Thiel). Grillparzer über sein Verhältnis zur Musik: »Ich darf nur einen Ton hören, ohne noch Melodie zu unterscheiden, so gerät schon mein ganzes Wesen in eine zitternde Bewegung, deren ich nicht Herr werden kann« (HKA II,7,123 f.). Und: »Wenn ich schrieb und dichtete, hatte ich immer wieder eine große Musik in mir« (»Gespräche« III,15, S. 116). In seiner Kritik an Carl Maria von Webers »Euryanthe«-Oper (»Tagebuch«, Herbst 1823) gibt Grillparzer eine Definition von Melodie: »ein o r g a n i s c h verbundener Satz, dessen einzelne Teile einander musikalisch-notwendig bedingen« (HKA II,8,128).

8,3 *vertieft:* vgl. 8,22; das Außer-sich-Sein des dionysisch verzückten Künstlers.

starr: dagegen *starrenden Augen* (7,14).

8,5 *Notenblatt:* »objektiviert« die Musik im Gegensatz zur Improvisation, zum *Phantasieren* (11,12) und zum *Gedächtnis* (8,7); vgl. 8,10: *schönster Ordnung.*

8,6 *Musiker:* Grillparzer hatte zuerst »Musikanten« geschrieben (HKA I,13,338).

8,12 *Ungewöhnliche:* vgl. 6,27 f.

8,15 *auslachte:* vgl. 21,22 *Cachinnum!* (Hohngelächter).

8,16 *Sammeln:* vgl. 9,33; 6,1 ff.; 9,36 (*zusammenlesen*); ›sammeln‹ und ›lesen‹ gehören in einen semantischen Konnex (vgl. Ähren lesen: sammeln). Dieses Wortfeld verweist auf *eigentliche Ernte* (9,1 und 10,23) und damit auf Demeter (vgl. Kap. II,2).

8,18 *einsackte:* vgl. 46,26.

Original: Literaturgeschichtlich ist das Original bzw. das Originalgenie eine Bezeichnung für die Dichter des Sturm und Drang. Es äußert sich darin ein Selbstverständnis, das die literarischen Konventionen und tradierten Formen zugunsten einer Ursprünglichkeit, einer literarischen Selbständigkeit (verbunden mit antibürgerlichem Affront) zurückweist. In übertragener Bedeutung ist ein Original ein eigentümlicher Mensch, ein Sonderling; vgl. 14,22.

8,21 f. *aus einer langen Abwesenheit zu sich gekommen:* vgl. 8,3: Außer-sich-Sein. Das Außer-sich-Sein faßt Grillparzers Erzählung in einem doppelten Sinne: außer der Gesellschaft als Außenseiter; außer sich als *Abwesenheit*, als Zustand des Künstlers.

8,25 f. *Heiterkeit:* Mit diesem Wort charakterisiert Grillparzer mehrfach das Volk: vgl. 8,14, ähnlich 6,2.

8,27 *»Sunt certi denique fines«:* Diese Horaz-Sentenz lautet vollständig: »Est modus in rebus / sunt certi denique fines« (»Sermones«, Liber 1, V. 105 f.; Es liegt ein Maß in den Dingen, denn schließlich und endlich hat alles seine Grenzen).

8,29 f. *entgegengesetzter Richtung:* vgl. 6,32 ff.

8,30 *als:* wie.

heimkehrt: zu sich und zu seiner Kunst.

8,32 f. *anthropologischen Heißhunger:* anthropologisch: den Menschen betreffend, griech. ἄνϑρωπος ›Mensch‹; vgl. 5,22 f.; 8,18 f. und 9,6 f. Der Autor betrachtet seinen (Erzähl-)Gegenstand mit wissenschaftlichem und zugleich leidenschaftlichem Interesse (vgl. 9,26; 10,20; 56,9: *meiner psychologischen Neugierde*; Grillparzer spricht einmal von »meinem Hang zu psychologischer Forschung« – HKA III,1,256 –; in seiner Ästhetik läßt sich durchgehend die Psychologisierung von Auffassungen der Ästhetik Kants beobachten; verschiedene literarische Sujets werden psychologisch adaptiert: Grillparzer war ein Meister der psychologischen Dramatik).

8,33–9,6 *Die dürftige ... Bettelmusikant!:* Paradoxien.

9,1 *eigentliche Ernte:* vgl. Anm. zu 8,16 und 3,3.

9,5 *eigen gemacht:* verkürzter Infinitiv.

9,6 *Bettelmusikant:* vgl. 12,5 *Ich will kein Bettler sein*; 12,6 f. *die ... öffentlichen Musikleute.*

9,6 f. *Begierde:* vgl. 30,9 und 31,9.

9,9 *Klein:* »Auch Grillparzer war nur ›von mittlerer Größe‹ (Gespr. I, S. 91; III, S. 65, 521), ›mittelgroß‹ (Gespr. I, S. 150; III, S. 155), ›mäßig groß‹ (Gespr. I, S. 290), ›von mehr als Mittelgröße‹ (Gespr. II, S. 27), ›klein‹ (Gespr. III,

S. 153); er ›schien kleiner, als er war‹ (Gespr. I, S. 390)« (HKA, I,13,339).

9,10 f. *nach allen Seiten hin störend:* Es ist charakteristisch für Jakob, daß er überall störend wirkt und hin- und hergeschoben wird.

9,12 *Ausgangsgitter:* vgl. 6,27 und 7,11 f.

9,13 f. *Mitte ... kämpfte:* Parallel zu 6,32 ff. werden verschiedene Motive wiederaufgenommen, und es wird ein Verweiszusammenhang hergestellt: *Mitte des Dammes* (7,2), *entgegenströmenden* (3,25 ff.; Strom-Metapher), *Menschenwoge* (3,17; 3,31; Masse, Überschwemmung), *kämpfte:* (3,23; 6,22). Diese enge Verflechtung der Motive ist in Grillparzers Erzählung vielfach vorhanden.

9,18 *Abenteuer:* Das paradoxe Erscheinungsbild des Spielmannes gibt den Anlaß zur Erzählung (vgl. 8,32 f. und 9,6 f.).

9,22 *Türchens:* 6,27 (*Gittertor*), 7,11 f. (*Propyläen*), 9,12 (*Ausgangsgitter*).

9,26 *der Gegenstand meiner Neugier:* vgl. Anm. zu 8,32 f. und 9,18.

9,28 *Walzer:* von got. waltjan ›sich wälzen‹; deutscher Paartanz im Dreiertakt (meist 3/4), urspr. langsam, als Wiener Walzer und seither schnell getanzt. Die Musik ist regelmäßig aufgebaut aus 4-, 8-, 16taktigen Abschnitten. Häufig sind zweiteilige und dreiteilige Liedform (mit Wiederholung des 1. Teils am Schluß). Zu Walzerketten (Walzerkränzen) wurden mehrere (anfangs 12, bei Johann Strauß 5) Walzer aneinandergereiht und zwischen Introduktion und Coda gestellt, die thematisch Bezug nehmen zu den thematisch beziehungslos aufeinanderfolgenden Einzelwalzern. Die Walzermelodie liegt meist in der Oberstimme, Baß und Mittelstimmen geben den Walzerrhythmus (nach Thiel). – Vermutlich sind die um 1230 von Neidhart von Reuenthal in Wien vorgetragenen Tanzlieder die Urform eines bäuerlichen Ländlers im langsamen Dreivierteltakt, aus dem sich der Walzer entwickelte; die Bezeichnung ›Walzer‹ kam im 18. Jh. auf. Im 19. Jh. wird der Walzer zur repräsentativen Tanzmusik des Bürgertums, die durch Johann Lanner und vor allem durch die Strauß-Dynastie ihre heute noch gültige klassische Form erhielt. – Eine volkstümliche Musik ist das Wienerlied. Grillparzer hegte eine Abneigung gegen den Walzer (vgl. seine Tagebuchnotizen vom 1. 5. 1836, HKA II,10,56, und vom 6. 6. 1836, HKA II,10,112). »Das kommt daher, daß er ganz anders getanzt wurde, als wir es heutzutage gewohnt sind.« Backmann (HKA I,13,339 f.) verweist auf einen Kritiker, der in ihm (1810) eine »orgienhafte Steigerung gegenüber dem Menuett« sah: »In verschmolzener, von der Kunst geheiligter, durch kein steifes, feindseliges Geboth mehr gehinderter Berührung, drehen sich mit schwindelnder Lust, in paradiesischen Kreisen, die liebenden Paare. Im deutschen Cirkeltanze nur weht ewig neu belebende, stets sich wieder gebärende, nie versiegende Wonne«. Glaßbrenner (s. Anm. zu 3,13): »In Wien [. . .] sieht man wenig Tänzerinnen mehr, sondern lauter Bacchantinnen. Sie zucken schon fieberhaft, sobald der Arm des Mannes sie berührt, dann pressen sie ihre Brust dicht an die seinige, den Kopf an seine Schulter, und nun lassen sie sich herumschleifen, saugen in dieser wollüstigen Lage jede Bewegung des Mannes, jene lüsterne Musik ein: die Unschuld flieht erschreckt aus dem Saale, die Weiblichkeit verzerrt sich flehend zu ihren Füßen, und der Tod steht in der Ecke und lacht sich ins Fäustchen« (Bd. 1, S. 71 f.). Nach Glaßbrenner also eine Form von bürgerlichem Totentanz. – Zu den auffallenden Charaktereigentümlichkeiten Grillparzers gehört sein ständiges Bemühen, zu anderen Distanz zu halten, Grenzen zu ziehen, sich nicht in einen Strudel reißen zu lassen. Daraus erklärt sich sein Verdikt über den Walzer in seiner damaligen orgiastischen Form.

9,32 *schmähend und spottend:* vgl. 8,15; 21,22.

10,3–5 *Ich spielte ... bezeichnend:* offenbart den Abstand zwischen Absicht und Ausführung seiner musikalischen Bemühungen. Wille und Tat sind in Grillparzers Dramen ein zentrales Thema.

10,6 *führen, der Menge wegen:* Musik als Ware.
10,7 *kein Ohr:* pars pro toto für Kunstverstand.
10,11–14 *»Bitte ... Hut!«:* Der Spielmann will keine Almosen, sondern Lohn für seine Musik; deshalb soll das Geldstück in den Hut gelegt werden; vgl. 12,5.
10,25 f. *gewöhnlichen Tagen:* vgl. 6,27 f.
10,30 *Freund der Musik:* Dies trifft auf Grillparzer selbst zu. Er hat sich mehrfach in seinen Schriften zur Musik geäußert, z. B. »Erinnerungen an Beethoven« (1844/45), in Gedichten wie z. B. »Zu Mozarts Feier« (1842) oder im Tagebuch, etwa die Kritik an Carl Maria von Weber (1823). Vor allem aber ist das 1812 entstandene Gedicht »Musik« (HKA, II,5,112) zu nennen, in dem er der Musik den höchsten Rang unter den Künsten zuweist. Der Schillerschen Gedankenlyrik verpflichtet, wird die Tonkunst zum Zeichen für das verlorene Goldene Zeitalter; sie rangiert als Sprache des Himmels vor der Dichtung als der Sprache der Menschen. Sein musikalisches Kunstideal sah Grillparzer in Mozart verwirklicht. – »Grillparzer besaß tiefe musikalische Einsichten, er beschäftigte sich zeitweise viel mit Kontrapunktik und es ist sehr wahrscheinlich, daß er die Spielmannserzählung ganz nach musikalischen Grundsätzen komponierte – es braucht nicht bewußt geschehen zu sein« (Alker).
10,34 *verlacht:* vgl. 8,15; 9,32 und 21,22.
Erstens: Diese Art der Aufzählung, das Ordnen der Gedanken durch Ordinalzahlen, ist kennzeichnend für Jakobs Reden.
10,35–11,4 *nie ein Nachtschwärmer ... Unaufhaltsame:* Jakob wendet sich gegen die Ausschweifung (er ist kein *ausschweifender Mensch*, 30,27), er ist für Askese in der Kunst, so wie Grillparzer in der Sammlung, dem »Hebel« aller Dinge, die wesentlichste Kunstforderung erblickte. Sammlung ist das Hero-Thema in der Tragödie »Des Meeres und der Liebe Wellen«, und ihr hat Grillparzer eine eigene Dichtung gewidmet: »An die Sammlung«. Ordnung (in der Musik: Noten) wird gefordert, die das Unbegrenz-

te, Unbestimmte, Wilde und das schlecht Unendliche dämmen soll. Ästhetisch wird dieses Postulat in Grillparzers Ideal des »plastischen Künstlers«, der die scharf konturierte Individualität eines Kunstwerkes hervorbringt, wiederzufinden sein. Das Ausschweifende und Wilde sah er in der Romantik mit ihrer Formauflösung und Mischung der verschiedenen poetischen Gattungen wirksam. Daher stellt ihr Grillparzer die Kontur, Plastizität, die bezwingende feste Form, das Klassische entgegen. So enthüllt Jakobs Kunstbeamtentum Grillparzers ästhetisches und sittliches Ideal der Kunst, das seine Leitbegriffe in der Sammlung, Ordnung, Grenze, Plastizität, Individualität erhält. Vielfach ist bei Grillparzer die Klage über die Zerstreutheit des modernen Menschen zu vernehmen. Solche Vertreter einer »wildverworrnen Zeit« hat er in der Gestalt des Otto von Meran (»Ein treuer Diener seines Herrn«), der mit dem Pflichtideal des Paladin Bancbanus konkurriert, und in Don Cäsar (»Ein Bruderzwist in Habsburg«), der mit dem quietistischen Staatsideal Rudolfs II. konfrontiert wird, entworfen. (Ordnung und Grenze: vgl. 16,32 ff. und 18,17 ff.)

11,1 *widerlichen:* in der Handschrift »unordentlichen« (HKA I,13,340); vgl. 7,14.

11,11 *aus der Einbildung:* vgl. 31,14 *aus dem Kopfe zu spielen.*

11,12 *Phantasieren:* vgl. 15,17 f. und 15,34. In den autobiographischen Schriften (»Anfänge einer Selbstbiographie«, »Selbstbiographie«) beschreibt Grillparzer mehrfach, wie er in seiner frühen Zeit auf dem Klavier phantasierte, *aus dem Kopfe* (31,14) spielte oder sich einen Kupferstich statt Noten vorlegte und darüber phantasierte. Die Kontrapunktik betrieb er, um Ordnung in seine Gedanken zu bringen, um der musikalischen – und poetischen – Phantasie Schranken zu setzen. Sein Klavierlehrer Johann Mederitsch (Gallus) phantasierte ebenfalls häufig auf dem Klavier, statt Unterricht zu erteilen. Vielleicht ist Mederitsch (1830 gestorben; im Februar 1831 begann Grillparzer mit der Niederschrift der Erzählung) als ein Vorbild für Jakob anzusehen. Manche äußere Umstände (Mederitsch war ein Außenseiter, der seine verschiedenen Positionen als Kapellmeister aufgab, um ungezwungen seinen Ideen und Extravaganzen nachgehen zu können; er war von dem Honorar für Unterrichtsstunden abhängig) können diese Hypothese bestärken, wenn sicherlich auch noch andere Gegebenheiten das Bild Jakobs prägten (vgl. Kap. II,1). Die Schriftstellerin Karoline Pichler (1769–1843) schreibt in ihren 1844 erschienenen »Denkwürdigkeiten«: »[...] dann blieb er [Grillparzer] auch manchmal den Nachmittag und Abend bei uns, und machte mit mir und meiner Tochter Musik, denn er spielt sehr fertig Fortepiano, und phantasiert auf demselben mit ebenso viel Talent als Geschmack.« – Hierzu besonders wichtig: Sigmund Freud, »Der Dichter und das Phantasieren«, in: S. F., »Studienausgabe«, Bd. 10 (Frankfurt a. M. 1969), S. 171 ff.

11,14–19 *Wir waren ... wiederzugeben:* Die offenkundige Unvereinbarkeit von Kunstabsicht und Kunstfertigkeit, die Gegensätze von Talent und Gestaltungsnotwendigkeit, von Wille und Tat bei Jakob prägen die spezifische Ironie der Erzählung. Die Divergenz von Kunst und Dilettantismus begründet die ironische Realität der musikalischen Existenz des Spielmanns. Sein Dilettantismus wird sich jedoch am Ende als verhüllte Proklamation eines modernen Kunstideals erweisen (vgl. Nachwort zur Textausgabe). Seine eigenen Insuffizienzgefühle – denen Jakobs verwandt – hat Grillparzer seinem Tagebuch (Herbst 1812) anvertraut: »keine Anlage zum Dichter« (HKA II,7,76). Im März 1826 klagt er über einen »unnennbaren Schmerz eines verfehlten Daseyns« (HKA II,8,195) und Anfang 1830: »Ich bin herabgekommen in jeder Beziehung, das ist so ziemlich der Inbegriff meiner Lage« (HKA II,9,3). Daraus erklärt sich die Preisung des »Glücks des stillen Selbstbesitzes« in »Des Meeres und der Liebe Wellen«: »Ein Selbst zu sein, ein Wesen, eine Welt« (1. Akt). In der »Medea« sagt die Titelfigur über das Einssein mit sich selbst zu Kreusa: »Du bist, ich seh's, von sittig mildem Wesen, / So sicher deiner selbst und eins mit dir; / Mir hat ein Gott das schöne Gut versagt« (V. 408 ff.). Medea zu Jason: »Dir scheint der Tod das Schlimmste; / Ich kenn ein noch viel Ärgres: elend sein« (V. 2312 f.). Backmann sah in dem armen Spielmann Jakob, in seiner Zwiespältigkeit ein »Ebenbild und Wunschbild« Grillparzers (HKA I,13,315): ein Ebenbild in der gewissen Unfähigkeit zur Kunst, ein Wunschbild in dem unbedingten Willen Jakobs zum Ideal der Kunst.

11,15 *Beschämung:* vgl. 25,13 und 34,29.

11,23 *Gebet gehört ins Kämmerlein:* vgl. Mt. 6,6: »Wenn du aber betest, so gehe in dein Kämmerlein, und schließ die Tür zu und bete zu deinem Vater im Verborgnen; und dein Vater, der in das Verborgne sieht, wird dir's vergelten öffentlich.« Jakobs *einsame* [Kunst-]*Übungen* (11,21) besitzen für ihn religiösen Charakter.

11,31–12,21 *Ihr vornehmer ... ins reine geschrieben:* Jakobs Rede mischt gravitätische Umständlichkeit, Servilität, gestelzte Höflichkeit mit Floskeln des Kanzleistils.

11,33 *Dahinkunft:* Tag des zu erwartenden Besuches.

11,34 *großgünstig:* Demutsfloskel; ähnlich: großmütig, gnädig.

12,5 *Bettler:* vgl. die Bettelmusikanten vor dem Festeingang, von denen sich Jakob absetzen will (7,10 ff.). Daß Kunst ihm auch Arbeit bedeutet, geht aus seiner Tageseinteilung hervor (vgl. 13,4 ff.); entsprechend 7,30 *bearbeitete*; 8,28 *arbeitete*.

12,6 f. *öffentlichen Musikleute:* »Der Spielmann vermeidet das Wort Musikanten oder gar Bettelmusikanten« (HKA I,13,340); einen Bettelmusikanten nennt ihn nur der Erzähler (9,6). *Musikleute:* vgl. 19,10.

12,8 *Gassenhauer:* seit dem 16. Jh. geläufiger Ausdruck, der sich urspr. auf den Nachtbummler (»Pflastertreter«) bezog, dann auf das Lied des Nachtbummlers übertragen wurde: Nachtbummlerlied.

Deutschwalzer: zuerst »Tanzwalzer« in der Handschrift. »Die Rundtänze hießen im Gegensatze zu den Gesellschaftstänzen allgemein: Deutsche, daher auch der Walzer: deutscher Walzer oder Deutschwalzer« (HKA I,13,340).

12,9 *unartigen Liedern:* Musikalisch ist der Spielmann ein Moralist. Vgl. 10,34 ff.

12,9 f. *von denselben:* von vorn.

12,10 *fort und fort herabzuspielen:* betrifft Unterhaltungsmusik und ihre Gesetzmäßigkeiten.

12,16 *betrügen:* Das Ethos des Spielmanns, sein unbedingter Kunstwille spricht sich hier aus. Kunst besitzt für ihn eine religiöse, ästhetische und moralische Bedeutung. Mißtöne sind Betrug an der Kunst und am Publikum. Jakob ist selbst Opfer eines geschäftlichen Betrugs geworden, als er seines Erbes verlustig ging (vgl. S. 45 ff.).

12,17 f. *teils ... teils:* korrespondierende Konjunktionen als Ordnungsmittel in Jakobs Rede (vgl. 10,34 ff.). Ordnungsmotive: Rede, Tageseinteilung, Noten, Wohnung. *Gedächtnis:* vgl. 20,16–30.

12,18 ff. *verwickelte Zusammensetzungen geachteter Musikverfasser:* »zuerst Musikstellungen (wie Musikverfasser für Komponisten), dann Tonstellungen, dann Tonzusammensetzungen, zuletzt bloß Zusammensetzungen [...] Dabei schweben vor ›Tonsetzer‹ und ›Schriftsteller‹« (HKA I,13,340). 51,22 verwendet der Spielmann den Ausdruck *Kompositionen.* Zu *Musikverfasser* gibt die HKA folgende Lesarten: Tongelehrten, Musikbearbeiter, Musikverfasser. Die Schwebe zwischen Tonsetzer und Schriftsteller charakterisiert auch die Bezeichnung »Spielmann«: Seit alters her umfaßt sie beides, den Sänger, Musiker und den Dichter (vgl. Spielmannsdichtung, Spielmannsepik). Insofern besteht die Lizenz, musikalisch-ästhetische Passagen der Erzählung unter poetologischen Gesichtspunkten zu betrachten, wenngleich Grillparzer selbst gegen eine Vermischung der beiden Kunstformen nachdrücklich Einspruch erhoben hat: »[...] so wie der Dichter ein Tor ist, der in seinen Versen den Musiker im Klang erreichen will, ebenso der Musiker ein Verrückter ist, der mit seinen Tönen dem

Dichter an Bestimmtheit des Ausdrucks es gleich tun will« (»Freischütz«-Kritik, 1821). In den Eingangssätzen der »Freischütz«-Kritik führt Grillparzer aus: »Die Musik hat keine Worte, d. h. willkürliche Zeichen, die eine Bedeutung erst durch das erhalten, was man damit bezeichnet. Der Ton ist, nebst dem daß er ein Zeichen sein kann, auch noch eine Sache [...] Wenn die Wirkung der Worte auf den Verstand und erst durch diesen auf das Gefühl geschieht, indes die Sinne dabei eine nur dienende Rolle spielen; so wirkt die bildende und die Tonkunst unmittelbar auf die Sinne, durch diese auf das Gefühl und der Verstand nimmt erst in letzter Instanz an dem Gesamteindruck Teil.« Vgl. hierzu: Thomas Horst, »Grillparzer und die Musik«, in: Bachmaier, S. 113 ff.

12,23 f. *widerlich steifer Schrift:* vgl. 7,14 *mit widerlich starrenden Augen.*

12,25 f. *Passagen:* Passage (frz., Durchgang): auf- oder absteigende Tonfolge im Solovortrag, die Melodie unterbrechend und vielfach ohne genaue Bindung an den bisherigen Rhythmus als diatonischer, tonleiterähnlicher Lauf, als chromatische Tonfolge oder gebrochene Akkorde (Arpeggien).

12,26 *Doppelgriffen:* Doppelgriff: das gleichzeitige Spiel auf zwei oder mehr Saiten. J. S. Bachs Sonaten und Suiten für Violine und Violoncello solo bringen nicht nur akkordisch füllende Doppelgriffe. Um die Hauptlinie ist ein Gewebe von Scheinstimmen gelegt in (nur angedeuteter) Polyphonie, nicht aber als harmonische Begleitung (nach Thiel). J. S. Bach: vgl. 25,9.

12,27 *ungelenken Fingern:* Jakobs Selbsteinschätzung dagegen: 29,6 f.

12,29 *Verehrung:* In der Erzählung werden die Vorbilder Bach und Mozart genannt: 25,9.

12,32 *mildest:* derartige Goethesche Superlative charakteristisch für den Spielmann.

12,33 f. *Veredlung des Geschmackes und Herzens:* Jakobs vergeblich angestrebtes Erziehungsziel mittels der Wirkung von Musik. Seine Musik wird anders empfunden: als *höllisches Konzert* (17,9) oder als nachtruhestörendes Gekratze: *Kratzt der Alte einmal wieder* (14,27 f.). Auch sein Spiel am Eingang zum Brigittenfest wurde von der Zuhörerschaft anders gewürdigt. Vgl. Kap. II,3.

13,4 *Exercitium:* (lat.) Übung, Übungsstück; wahrhafte Exerzitien, geistliche Übungen, sind hingegen seine musikalischen Abendübungen.

13,6 *dem lieben Gott:* Kunst als heilige Aufgabe, als Gottesdienst. Dabei ist das Göttliche Ausdruck für das Absolute, die absolute Kunst. Vgl. 25,9 f. *den lieben Gott spielt keiner.* Die im Wortregister der HKA angeführten Stellen zu »Gott« gehören fast alle zum »Armen Spielmann«. Vgl. Anton Bruckners Dedikation seiner Neunten Symphonie: »Dem lieben Gott.« – Jakobs/Grillparzers Ideal der absoluten Musik ist der romantischen Musikästhetik verpflichtet. Diese war wiederum Anregung für die moderne Literatur: die absolute Poesie. Vgl. Kap. II,3. Zur absoluten Musik vgl. die grundlegende Studie von Carl Dahlhaus, »Die Idee der absoluten Musik«, München 1978 (dtv/Wissenschaftliche Reihe 4310).

Ein Vergleich der »Spielmann«-Erzählung mit Grillparzers Trauerspiel »Sappho« (1818) ist in diesem Zusammenhang aufschlußreich. Der arme Spielmann thematisiert als gesellschaftlicher Außenseiter das Ideal der Kunst durch die Idee der absoluten (göttlichen) Musik. Sappho vertauscht dagegen als anerkannte Bürgerin ihrer Polis die apollinische Auffassung der Kunst mit einem biedermeierlichen Ideal: »Er [Phaon, der Geliebte Sapphos] war bestimmt, in seiner Gaben Fülle, / Mich von der Dichtkunst wolkennahen Gipfeln / In dieses Lebens heitre Blütentäler / Mit sanft bezwingender Gewalt herabzuziehn. / An seiner Seite werd ich unter euch / Ein einfach stilles Hirtenleben führen; / Den Lorbeer mit der Myrte gern vertauschend / Zum Preise nur von häuslich stillen Freuden / Die Töne wecken dieses Saitenspiels« (V. 89–97). Sappho vollzieht eine Verbürgerlichung der Kunst, die im Gegensatz steht zu dem von ihr ursprünglich erstrebten klassischen Kunstideal. Realismus und Kunstidee, Form und Gehalt sind in der Erzählung und im Drama gegensätzlich und sich zugleich verschränkend von Grillparzer eingesetzt worden: »Der arme Spielmann« als realistische, durch Mythologeme gebrochene Erzählung formuliert das Ideal der Kunst (absolute Musik); das »Sappho«-Drama gestaltet in idealer, klassischer, antikisierender Form die Verbürgerlichung der Kunst, eine sich vom Idealen zum Realen wendende Kunstauffassung. »Der arme Spielmann« kann als eine Replik auf die »Sappho« gelesen werden, außerdem bezeichnet er die ästhetischen Vorstellungen Grillparzers, die sich als Modifikationen seiner frühen Dramatik erweisen. Die Idee der absoluten Musik, ihre unbestimmte Transzendenz und das mit ihr verbundene Unendlichkeitsgefühl wird durch Jakobs Ordnungsstreben »eingeschränkt«. Er versucht dadurch der musikalischen Unbestimmtheit und Unendlichkeit Form und Kontur zu geben, sie zu begrenzen, zu individualisieren. Sein Ordnungswille ist gleichsam die ästhetische Absicht, der romantischen Kunst eine klassische Form, eben Bestimmtheit, aufzuprägen.

13,11 *Gärtnergasse:* heute Novaragasse.

13,13–16 *Das Haus ... kleines Zimmer:* damals typisches Haus der Wiener Vorstadt. Vgl. Johann Nestroys 1835 uraufgeführte Posse mit Gesang »Zu ebener Erde und erster Stock oder Die Launen des Glückes«, in der durch Unglücksfälle ein Reicher (oben) gezwungen wird, mit einem Armen (unten) die Stockwerke zu tauschen: das Spiel der Posse gerät zum »paradigmatischen Gesellschaftsbild« (Mautner).

13,18 *abgeteilt:* vgl. die Grenzziehung 16,32 ff.

13,25 f. *Was ... muß:* selbständiger Relativsatz. »Der Relativsatz des armen Spielmanns setzt einen nicht vorhandenen Hauptsatz fort, der nicht gesprochen, sondern gehandelt werden sollte« (HKA I,13,341).

devotest: untertänigst. Der Superlativ gebildet wie »mildest« (12,32). Vgl. 13,30 f. *linkischen Kratzfuß.*

13,26 *Honorarium:* Jakob bedient sich mehrfach der Latinismen, umgekehrt jedoch auch ungewöhnlicher deutscher Ausdrücke statt der geläufigeren lateinischen Form, z. B. *Musikverfasser* statt Komponist (12,19 f.).

13,29–31 *Abart ... Kratzfuß: linkischer Kratzfuß:* ungeschickte Respektsbezeugung; Verbeugung: Verbeugungen der Figuren werden in der Erzählung mehrfach beschrieben, z. B. *Bückling* (40,31). Die *Abart vornehmer Leichtigkeit* hält in ihrer Unangemessenheit die Herkunft Jakobs – Sohn eines einflußreichen und mächtigen Hofrats (19,34 ff.) – wie seine Deklassierung gegenwärtig. In der Körpersprache wird sein Lebensschicksal offengelegt; *vornehmer:* vgl. 3,5; 13,13.

13,33 *Lust:* vgl. Anm. zu 7,8.

13,35 *heimwärts:* »Durch das Neutor über die neue Brücke, durch die Neue Gasse nach dem Augarten gekommen, macht er nun einen kleinen Umweg über die Leopoldstadt, um dann über die Ferdinandsbrücke durch das Rotenturmtor zurückzukehren« (HKA I,13,341).

14,2 *gewöhnlichen Tagen:* vgl. 6,27 f. Der Gegensatz von Alltag und Fest wird wiederaufgenommen.

14,4 *Stille des Ortes:* Das Stillestehen ist 5,1 ff. in geschichtsphilosophischer, 7,4 ff. in poetologischer Hinsicht motiviert; hier wird durch die Stille der Ort der Reflexion bezeichnet. Vgl. 14,36.

im Abstich: im Gegensatz zur lärmenden Volksmenge. Vgl. 16,35.

14,22 *Original:* vgl. Anm. zu 8,18.

14,23 *glücklich:* hier: zufällig.

14,28 *ordentlichen:* vgl. Anm. zu 10,35–11,4.

14,30 f. *der leise ... mein Ohr:* »das Abendgebet des Armen Spielmanns« (HKA I,13,341).

14,36–15,19 *Ein leiser ... Hörer:* Dieses »Tonstück« wurde gelegentlich als musikalische Konstruktionsidee der »Spielmann«-Erzählung interpretiert.

15,5 f. *Intervall:* der Höhenunterschied zweier Töne, die gleichzeitig oder nacheinander klingen; sie bestimmen als

Grenzwerte das Intervall nach seiner Größe und durch ihre Beziehungen zueinander nach seinem Charakter.

15,6 *Quarte:* von lat. quartus ›vierter‹; ein Intervall der vierten Stufe in einer diatonischen Tonleiter; sie ist ein reines, konsonantisches Intervall von vier Tönen.

15,9 *harmonischen Verhältnisses:* urspr. Lesart: wohlklingenden. Statt des monotonen Beharrens wird vom Spielmann ein harmonischer Zusammenklang von Tönen inauguriert. Überhaupt ist der einzelne Ton noch nicht als ästhetischer Wert qualifizierbar, sondern erst das Verhältnis von Tönen.

15,12 *Terz:* Intervall von drei Tonstufen; der dritte Ton vom Grundton aus. Die Terz tritt in zwei konsonantischen Erscheinungsformen auf, als kleine oder als große Terz (Mollterz, Durterz), als Dissonanz wird sie alteriert.
Quinte: Intervall von fünf Tönen; fünfte Stufe einer diatonischen Skala. Tritt nur in einer Erscheinungsform, rein, auf. Das günstige Schwingungsverhältnis stellt den fünften Ton an die zweite Stelle nach der Oktave in der Verwandtschaft zum Grundton. Entsprechend bedeutsam ist seine Funktion als Dominante im harmonischen Bezugssystem (nach Thiel).

15,14 *stilles Weinen:* vgl. das Motiv des Tränenstromes, z. B. am Ende der Erzählung.

15,16–19 *Und das ... Hörer:* Jakob hört bei seinem Phantasieren anders als die Zuhörer, seine inneren Vorstellungen sind nicht mitteilbar. Die Subjektivität erweist sich als Maßstab seiner Tonkunst: Subjektivität und Wirkung stehen im Gegensatz zueinander.

15,33 f. *Heimweg ... phantasierte:* Der Erzähler wiederholt das Tun des armen Spielmanns, nur bleibt sein (dichterisches) Phantasieren bei sich. Zu beachten ist der Partizipialstil, auch S. 14 besonders häufig; eine Kleist verwandte Syntax und Interpunktion.

15,36–16,4 *Die Morgenstunden ... heiligen:* Die Morgenstunden des Erzählers sind in ähnlicher Weise für besondere (Gottes-)Dienste freigehalten wie die Abendstunden des

Spielmanns für seine musikalische Andacht. Ähnliches zu verschiedenen Malen in Grillparzers Tagebüchern: 1829 (HKA II,8,331–341), Herbst 1832 (HKA II,9,80–83), 18. Mai 1836 (HKA II,10,85).

16,8–10 *so habe ich ... Trübsinn:* »Das Leid des Dichters in jenen Jahren, solange die Sammlung ausbleibt, die mit gut angewandten Morgenstunden verbunden scheint und ihren Glanz auf den übrigen Tag wirft. Tgb. III, S. 143 vergleicht er sich mit Prometheus: ›von Kratos und Bia am Felsen angeschmiedet, mir selbst die Leber ausfreßend statt des Geiers‹« (HKA I,13,341).

Trübsinn: urspr. Lesart: Melancholie. Grillparzer im Tagebuch (7. 8. 1830) über die Ursachen seiner Zerstreuung und seines Trübsinns: »Ich weiß wohl, was mir fehlt: Ich habe nicht a r b e i t e n gelernt. Von Kindheit auf mir selbst überlassen, in den Schulen elenden Lehrern hingegeben, die weder für sich, noch für ihren Gegenstand Interesse zu erwecken wußten, überließ ich mich einer desultorischen Lektüre, einem launenhaften Studium, einer abgerissenen Verwendung, die unter diesen Umständen noch das möglichst beste war, mir aber die eigentliche, die standhaft verfolgte, folgenrechte Arbeit fremd machte, die eigentlich doch die Bedingung zu allem Bedeutenden ist. Ich bin dadurch der Mensch der S t i m m u n g geworden, die, obgleich das wirksamste von allem, doch ihrer Natur nach nicht immer da seyn kann und, wenn sie fehlt, mich zum Untüchtigsten aller Menschen macht. Diese lutherischen Pastorssöhne sind von Kindheit auf an andauernde Verwendung gewöhnt worden, und die in Gang gebrachte Mühle mahlt fort, wenn auch das aufgeschüttete Getreide weniger wird, ich aber – du mein Gott! die großen Anlässe, wären ja nicht groß, wenn sie immer zur Hand wären« (HKA II,9,5 f.).

16,14 ff. Der Besuch des Erzählers beim armen Spielmann markiert eine auffällige Parallele zu Wilhelm Meisters Besuch beim Harfner, vgl. Goethe, »Wilhelm Meisters Lehrjahre«, Buch 2, Kap. 13.

16,17 *Ununterscheidbaren:* Des Spielmanns bisherige musikalische Übungen waren in ihrer ständigen Wiederholung derselben Verhältnisse (Intervalle), der nämlichen Töne (15,16) nur durch Lautstärke und Tempo unterschieden.

16,25–17,5 *Hart neben der Türe ... sorgfältig gekleidet:* »Die Ordnung , die in seiner Hälfte des Gelasses herrscht, deutet auf die Sauberkeit seines Molltonrocks zurück, die Armut auf dessen Fadenscheinigkeit. Die Behausung ist gleichsam ein zweites Kleid des Musikanten; womit er sich umgibt, dem prägt er den Stempel seines Wesens auf und grenzt sich damit von seiner Umgebung ab. In einer Welt, die bedrohlich über seine Schwelle getreten ist – die Türe mit den Gesellen ist ›gemeinschaftlich‹ – hat er sich in einem Biedermeier des armen Manns wohnlich eingerichtet. Hier wird das Leben gelassen und heiter ertragen. Hierher läßt es sich wohl heimkehren, wenn man nämlich eine Natur ist, die dem eigenen Spiel lächelnd Beifall zu spenden vermag.

Freilich wird der Spielmann sogleich zu einem seiner ›höllischen Konzerte‹ ansetzen und den Raum diesseits und jenseits des Kreidestrichs in eine akustische Folterkammer verwandeln. Der Widerspruch seiner Existenz bleibt ungelöst, vielmehr wird er durch die Spitzwegsche Beschaulichkeit der Dachkammer vertieft, in der sich der musikalische Exzeß begibt. Verständlicherweise bekennt der Chronist, daß er nach der Lösung dieses Rätsels ›lüstern‹ ist« (Heinz Politzer, »Franz Grillparzers ›Der arme Spielmann‹, Stuttgart: Metzler, 1967, S. 18).

16,34 *dicken Kreidenstriche:* Diese Grenzziehung hat mehrfache Bedeutung: als Abgrenzung von den unordentlichen Zimmernachbarn, als Ausdruck von Jakobs Ordnungsliebe, als Selbstisolierung. Außerdem verweist sie auf seine Verurteilung jeglicher Ausschweifung und auf die Horaz-Sentenz »sunt certi denique fines«. G r e n z e ist bei Grillparzer als psychologische, ästhetische und politische F u n d a m e n t a l k a t e g o r i e anzusprechen. Durch sie wird Individualität, Plastizität, Ordnung und Bestimmtheit fixiert.

17,1 *Äquators:* lat. aequator ›Gleichmacher‹, s. 17,3 *Gleicher.*

17,5 *exerzierte:* übte, vgl. Anm. zu 13,4.

17,5 ff. Im folgenden wird die Erzählung mit den Tonstücken und der Person des armen Spielmanns eng verflochten. In dieser Verschränkung sah man oft eine markante Nahtstelle von Autobiographie und epischer Fiktion.

17,6 *Übelklang ... Mißklängen:* »Übelklang, eine Ausweichbildung wegen des folgenden Wortes ›Mißklänge‹. Grillparzer findet aber Gefallen daran und wiederholt es [17,18] als reizvollen Gegensatz zu ›Wohlklang‹ [17,17], kommt in den Tagebüchern nicht vor (nur Tgb. V, S. 87 ›einen übeln Klang‹)« (HKA I,13,341).

17,9 *höllischen Konzertes:* Jakobs musikalischer Gottesdienst wirkt wie Höllenlärm: signifikant für die Ironie der Erzählung. Vgl. hierzu Kleists Erzählung »Die heilige Cäcilie oder die Gewalt der Musik« (1810). E. T. A. Hoffmann im »Rat Krespel« (»Die Serapionsbrüder«): »Es war von Musik die Rede, man rühmte einen neuen Komponisten, da lächelte Krespel und sprach mit seiner leisen singenden Stimme: ›Wollt' ich doch, daß der schwarzgefiederte Satan den verruchten Tonverdreher zehntausend Millionen Klafter tief in den Abgrund der Hölle schlüge!‹ – Dann fuhr er heftig und wild heraus: ›Sie ist ein Engel des Himmels, nichts als reiner, Gott geweihter Klang und Ton! – Licht und Sternbild alles Gesanges!‹ – Und dabei standen ihm Tränen in den Augen. Man mußte sich erinnern, daß vor einer Stunde von einer berühmten Sängerin gesprochen worden« (E. T. A. Hoffmann, »Rat Krespel. Die Fermate. Don Juan«, mit einem Nachw. von Josef Kunz, Stuttgart 1964 [u. ö.], Reclams Universal-Bibliothek, Nr. 5274, S. 7).

17,14 *Faden durch dieses Labyrinth:* ähnlich Tagebuchnotiz von 1819: »der Faden, der durch di(e)ses Labyrinth [gemeint Shakespeares ›Hamlet‹] geht« (HKA II,7,240). *La-*

byrinth: (griech.) Haus mit Irrgängen [z. B. beim minoischen Knossos-Palast auf Kreta; dort soll ein (Ariadne-) Faden Theseus aus den Irrgängen geführt haben].

17,15 *Methode in der Tollheit:* Polonius im »Hamlet« (II,2): »Ist dies schon Tollheit, hat es doch Methode.«

17,27 *Dissonanzen:* in der Harmonielehre ein nach Auflösung strebender Spannungsklang, der durch die Störung der Konsonanz zustande kommt; allgemein ein Mißklang in einem sonst harmonischen Ablauf.

18,1 *seine Knie zitterten:* Der Spielmann ist aus der genußvollen Verzückung in das Leben zurückgekehrt, was ihn mit Schrecken erfüllt.

18,6–10 *Er nötigte ... hinaus:* »Mit den kurzen unverbundenen Sätzchen wird seine Verwirrung gemalt, er macht ganz unnötige Handgriffe, denn es ist ja bereits aufgeräumt« (HKA I,13,342).

19,2 *Geschichte:* Der Besucher veranlaßt den armen Spielmann, seine Lebensgeschichte zu erzählen. An dieser Stelle erfolgt ein Wechsel des erzählenden Subjektes, der Übergang vom Autor-Erzähler zum armen Spielmann als Ich-Erzähler. Durch Jakobs Vortrag wird sein Leben als Geschichte (im historischen und ästhetischen Sinne) erst als bedeutsam und sinnvoll konstituiert: seine Erinnerung ermöglicht die epische Sinnstiftung seiner Biographie. Vgl. hierzu Kap. III,1 (Heine).

19,4 f. *Heute ... heute:* entsprechend in Grillparzers dramatischem Märchenspiel »Der Traum ein Leben«, V. 281 f.

19,6 *Gott wird sorgen:* vgl. Ps. 104 und Mt. 6,25 f.

19,9 *fügte:* Fügung: Schicksal, aber auch auf die Bildung eines Lebenszusammenhanges verweisend.

19,17 *Loqueris latine?:* Sprichst du Latein?

19,22 *selbst einmal wieder erzählen:* ähnlich der Erzähler (Graf Starschensky) in Grillparzers Erzählung »Das Kloster bei Sendomir« (1828): »Am Ende sprech' ich selbst gerne wieder einmal davon.«

19,22–33 *Ob ich's ... Erzählenden an:* Der arme Spielmann nennt alle Bedingungen des Erzählens: Zeit, Erzählhaltung, Perspektive – vorher schon die Erinnerung (19,22). Er fühlt sich währenddessen frei und »verlängert sich«, nachdem er vorher einen anderen Eindruck gemacht hatte: *die Beine etwas zu kurz* (18,35). Seine dionysisch-musikalische Existenz wird durch eine apollinisch-epische Daseinsform abgelöst.

19,25 *keine Uhr:* Seine Geste verdeutlicht Herkunft und gegenwärtige Armut.

19,30 *Hut:* vgl. 17,35, 31,24 und 33,22.

19,31–33 *schlug sitzend ... Erzählenden an:* Auch Starschensky setzt sich beim Erzählen bequem zurecht. Die Erzählhaltung ist als Erzählhaltung thematisiert; sie wird in Anlehnung an die orientalische Erzählerpose als Handlungselement und als literarischer Topos eingeführt.

20,5 f. *Sein Vater? ... sein Vater?* vierfaches Fragezeichen wie 28,34 f. in ähnlicher Situation.

20,8 *Faden:* vgl. Anm. zu 6,11.

20,10 *Brüdern:* Lebensweg und Ende der Brüder s. 35,31 ff.

20,15 *ehrgeizig und heftig:* Hauptcharakteristik des Vaters, vgl. Anm. zu 21,32.

20,16 *langsamen Kopf:* Theodor Storm (»Der stille Musikant«) spricht bei seinem Helden von »Kopfschwäche«; Ähnliches gilt für die Hauptfigur in Stifters »Kalkstein«.

20,18–20 *dabei senkte er ... linke Hand:* charakteristisch für Melancholie; vgl. Dürers »Melancholia«.

20,24 *Spitze zu Spitze:* Die Lernweise der Brüder deutet nicht auf Genauigkeit, sondern auf Oberflächlichkeit, entsprechend ihr Ende: der Ausdruck legt ihren Fall oder Sturz schon nahe.

20,28 *gedrängt:* ähnlich in der »Selbstbiographie« (HKA I,16,69) und in dem Hero-Drama, V. 202 f.

20,28–30 *Das Neue ... stockisch zu werden:* Seine Lebensgeschichte erfährt ihre psychologische Deutung.

20,30 *stockisch:* vgl. 21,17. Im Tagebuch am 5. Mai 1836: »Ich, nach meiner stockischen Art« (HKA II,10,67).

20,31–21,3 *Musik ... die Geige haßte:* Ähnliches berichtet

Grillparzer in seiner »Selbstbiographie« über seine Jugendzeit und seinen Musikunterricht (vgl. HKA I,16,68. 97). *Freude und ... Stab:* biblisch.

20,36 *Applikatur:* Fingersatz.

21,10 *öffentliche Schulprüfung:* In der »Selbstbiographie« berichtet Grillparzer: »Meine Prüfung ging zu meinem eigenen Erstaunen ganz gut vor sich. Nur als lateinische Verse aus der ars poetica [›Dichtkunst‹ des Horaz] auswendig herzusagen waren, die ich ganz gut wußte, fiel mir bei der Stelle ›Romani tollunt [!] equites peditesque cachinnum [So erhebt bei den Römern, bei Rittern und Volk, sich Gelächter], das letzte Wort nicht ein. Der Professor [Gymnasiallehrer] einer andern Klasse, der als Ehrengeleit mit dem Herrn Studienvorsteher gekommen war, meinte absurder Weise, daß ich die Sache nicht wüßte, indes mir das letzte Wort fehlte und um mich auf die Spur zu bringen, ahmte er die Gebärde eines Lachenden nach, wobei er sich den Bauch hielt und die wunderlichsten Gesichter schnitt, ich aber glaubte, er lache mich aus, und warf ihm grimmige Blicke zu, wodurch ich aber immer mehr aus dem Kontexte kam« (HKA I,16,83).

21,12 *unredlicher Lehrer:* im Tagebuch am 7. August 1830: »[...] in den Schulen elenden Lehrern hingegeben« (HKA II,9,6).

21,15 *ein Wort:* das Wort »Cachinnum«. Hinweis darauf schon 20,26 f. Zum Vergessen eines Wortes vgl. Sigmund Freuds psychoanalytische Deutung »Zur Psychopathologie des Alltagslebens«.

21,22 *Cachinnum:* lautes Lachen, Gelächter, Hohngelächter. Dieses Wort steht bei Horaz, »Ars poetica«, in folgendem Kontext: »format enim natura prius nos intus ad omnem / fortunarum habitum: iuvat aut inpellit ad iram / aut ad humum maerore gravi deducit et angit: / post effert animi motus interprete lingua. / si dicentis erunt fortunis absona dicta, / Romani tollent equites peditesque cachinnum« (V. 108–113). »Denn die Natur formt zuerst unser Innres je nach der äußeren Lage: beglückt uns, treibt uns zur Wut,

zieht uns durch schweren Kummer zu Boden, bedrückt uns; dann läßt sie die Regungen der Seele sich äußern durch die Übersetzung der Zunge. Steht die Sprache des Sprechers nicht in Einklang mit seinem Stande, wird sich unter römischen Rittern und Fußvolk Gelächter erheben.« (Zit. nach: Quintus Horatius Flaccus, Ars Poetica. Die Dichtkunst, lat. und dt., Übers. und mit einem Nachw. hrsg. von Eckart Schäfer, Stuttgart 1972 [u. ö.], Reclams Universal-Bibliothek, Nr. 9421, S. 10 f.)
Heinz Politzer gibt zum Vergessen des Wortes, zu der Prüfung sowie zu dem Horaz-Vers folgende psychoanalytische Interpretation: »Der Sinn der Verse, an deren Ende und Höhepunkt das Wort ›*cachinnum*‹ steht, liegt ja wohl darin, daß jener Sprecher zum öffentlichen Ärgernis werden muß, bei dem Charakter und Sprache, Wesen und Ausdruck dieses Wesens, auseinandergebrochen sind. So erklärt sich das Vergessen des Gymnasiasten auch aus der Situation, in der es eintritt: Der Vater hatte dem Buben gedroht, er werde ihn aus der Schule nehmen und zu einem Handwerker in die Lehre geben. Die Verwirklichung dieser Drohung hätte für den Jungen die Erfüllung seiner Wünsche dargestellt. ›Ein Drechsler oder Schriftsetzer wäre ich gar zu gerne gewesen‹. Er will ein Arbeiter werden, wenn auch ein feiner. Aus Stolz zögert der Vater noch, seine Worte wahrzumachen. Das Examen des Buben ist die letzte Chance, die er ihm gibt. Um diesen Umstand hervorzuheben, erscheint er bei der Prüfung. Der Prüfling ist also gezwungen, sich zu verstellen, zu tun, als ob er bestehen wolle, obgleich er in allen seinen Nerven nach nichts sehnlicher trachtet, als dem Latein, dem Examen und dem Gymnasium im allgemeinen zu entkommen. Aber er ist nicht der einzige, der sich verstellt. Auch der ›unredliche Lehrer‹ schwindelt: er hat ja dem Buben das Thema der Prüfung im voraus verraten. Mehr noch, während er vor dem Vater katzbuckelt, souffliert er dem Sohn. Auch der Vater, die höchste Instanz dieses Prozesses, spielt eine doppelte Rolle: Er ist anwesend als die verkörperte Dro-

hung, den Buben aus der Schule zu entfernen, und hegt doch, wie dieser wohl weiß, die dringlichste Hoffnung, er werde ihn im Gymnasium belassen und weiter standesgemäß erziehen können. Dreifach also klafft in dieser Szene der Widerspruch zwischen Wahrheit und Anschein auf; es ist verständlich, daß der Bub an einer Stelle stecken bleibt, die von eben diesem Widerspruch und der Bestrafung desjenigen handelt, der ihm erliegt. Dabei ist sein Unbewußtes keineswegs passiv: es produziert eine Fehlleistung, die den eigensten Wünschen des Jungen den Weg bereitet. Er versagt nicht nur, sondern setzt auch durch, was er für seinen Weg und seine Wahrheit hält. Freilich ruft er damit jenes Hohngelächter auf sich herab, das er gefürchtet und eben darum vergessen hatte.

Mit erwarteter Wucht bricht die Katastrophe denn auch über ihn herein: ›Ich mußte mit Schande aufstehen, und als ich, der Gewohnheit nach, hinging, meinem Vater die Hand zu küssen, stieß er mich zurück, erhob sich, machte der Versammlung eine kurze Verbeugung und ging ... Von diesem Tage an sprach er kein Wort mehr mit mir‹. Der Fall des armen Spielmanns hat damit begonnen, daß sein Unbewußtes ›*Sunt certi denique fines*‹ gesprochen hat.

Wenn er dann diesen Satz auf dem Volksfest tatsächlich lautwerden läßt, ist sein Fall so gut wie abgeschlossen. Er hat erreicht, was er wollte. Der Gegensatz zu der Gesellschaft, die ihm in der Gestalt seines Vaters überwältigend entgegengetreten war, ist nun vollkommen und offenbar. Jetzt braucht er das Wort ›*cachinnum*‹ nicht mehr zu vergessen, weil niemand ihn mehr zwingt, sich daran zu erinnern. Er braucht sich nicht einmal mehr daran zu erinnern. Woran er sich jedoch erinnert, das sind jene Grenzen, die er sich in seiner Jugend selbst gezogen hatte und die er nun, der bürgerlichen Gesellschaft und jeder anderen Gemeinschaft zutrotz, aufs Peinlichste einhält. Dies ist die Ordnung, die er für sich allein gestiftet und die sich in der

Sauberkeit seines abgetragenen Mantels, der Reinlichkeit seiner Kammerhälfte ausgeprägt hat. Hohngelächter berührt ihn nun nicht mehr« (Heinz Politzer, »Franz Grillparzers ›Der arme Spielmann‹«, Stuttgart: Metzler, 1967, S. 22 f.). In der Spott- und Passionsfigur des armen Spielmanns hat man auch Entsprechungen zu dem Fürsten Myschkin, der Zentralfigur in Dostojewskis Roman »Der Idiot«, gesehen.

21,30 *Ce gueux:* (frz.) dieser Bettler, dieser Lump. Vgl. »Selbstbiographie« HKA I,16,87.

21,31 *aber jetzt bin:* wird in 30,8 bekräftigt.

21,32 *Vater:* Jakob rechtfertigt seinen Vater, obgleich er zugegebenermaßen unter ihm leidet und durch ihn in seinen Lebenszielen gehindert worden ist. In Grillparzers Dramen begegnen wir auffällig vielen Vaterfiguren, die meist verehrt, verklärt, ja gar vergöttlicht werden (z. B. in der »Ahnfrau«). Selten treffen wir dagegen auf eine beschränkte, bornierte Vatergestalt wie z. B. in »Des Meeres und der Liebe Wellen«. Allgemein bevorzugen die Dramen Grillparzers patriarchalische Familien mit mächtigen bis übermächtigen Vätern. Mütter bleiben weitgehend ausgespart: entweder ist ihre Rolle durch den Mythos vorgegeben (»Medea«), oder sie sind überhaupt nicht von ihrem Autor zu einer vollständigen und charakteristischen Bühnenfigur entwickelt worden. – Die prophetische Macht der Eltern – eigentlich des Vaters – signalisiert eine archaische Auffassung. Über den engen Zusammenhang von Vaterkomplex und Gottesvorstellung – wie er ja in unserer Erzählung gegeben ist – bemerkt Sigmund Freud in seiner Schrift »Eine Kindheitserinnerung des Leonardo da Vinci«: »Die Psychoanalyse hat uns den intimen Zusammenhang zwischen dem Vaterkomplex und der Gottesgläubigkeit kennengelehrt, hat uns gezeigt, daß der persönliche Gott psychologisch nichts anderes ist als ein erhöhter Vater, und führt uns täglich vor Augen, wie jugendliche Personen den religiösen Glauben verlieren, sobald die Autorität des Vaters bei ihnen zusammenbricht. Im Elternkomplex erkennen wir so die Wurzel des religiösen Bedürfnisses; der allmächtige, gerechte Gott und die gütige Natur erscheinen uns als großartige Sublimierungen von Vater und Mutter, vielmehr als Erneuerungen und Wiederherstellungen der frühkindlichen Vorstellungen von beiden« (S. F., »Studienausgabe«, Bd. 10, Frankfurt a. M. 1969, S. 146). Jakobs Verehrung des Vaters und der absoluten Kunst/Musik, die Gott spielen will, haben also den gleichen Ursprung. Nur solange er sein Vaterbild aufrechterhält, vermag er sein ästhetisches Ideal der göttlichen Kunst einzulösen. Wenn er den lieben Gott spielen will (25,9 f.), spielt er den sublimierten Vater.

21,34–36 *Von diesem Tage ... Hausgenossen zu:* Der arme Spielmann ist jetzt endgültig ein Verstoßener (vgl. 21,28).

22,5 *aufs Und wußte:* genauestens wußte.

22,7 *Fleiß:* vgl. 22,32.

22,13 *Rechenbehörde:* entsprechend in Grillparzers Biographie. Nach einer kurzen Anstellung als unbesoldeter Praktikant an der Hofbibliothek wechselt er im Januar 1814 zur Finanzhofkammer über und bekleidet in der Folge verschiedene Posten bei der Finanzverwaltung.

22,13 f. *Rechnen ... nie meine Stärke:* hebt Grillparzer auch in der »Selbstbiographie« hervor (HKA I,16,69.77).

22,14 *Militär:* Die Ablehnung alles Militärischen ist von Grillparzer mehrfach zum Ausdruck gebracht worden: »zu aller Zeit kein Liebhaber von militärischen Schaugepränge« (»Selbstbiographie«). In einem Brief an den Herausgeber der »Iris«, den Grafen Johann Majláth, von 1847 zeigt sich Grillparzer befriedigt darüber, daß die Erzählung angenommen worden ist, obwohl in ihr nicht von »Deutsch-Einheit, deutscher Flotte und deutscher Weltmacht« die Rede sei (vgl. HKA III,3,25 f.). Der Habsburgerkaiser Rudolf II. (»Ein Bruderzwist in Habsburg«) erstrebt eine pazifistische Weltordnung, hergestellt durch einen Orden von geistig und ethisch Ausgezeichneten (vgl.

III. Akt). Der Paladin Bancbanus in »Ein treuer Diener seines Herrn« ist vergeblich um eine Friedensordnung bemüht.

22,23 *Kanzlei:* Der Kanzleistil klingt oft in Jakobs Rede nach. Zum Thema »Kanzlei«vgl. Gogols Novellen »Der Mantel« (1842) und »Tagebuch eines Wahnsinnigen« (1835).

22,23 f. *Abschreiber:* Abschreiber amtlicher Schriftstücke in einem behördlichen Schreibbüro.

22,24–29 *Ich hatte immer ... Buchstaben:* ähnlich Tagebuchnotizen von 1809 (HKA II,7,29.35).

22,32–23,3 *Ich war ... wie keiner:* Grillparzer gestand sich im Tagebuch selbst ein, daß er nicht den Mut habe, seine Individualität durchzusetzen. Die angeführten Skrupel waren auch Grillparzer in verwandter Weise als Dichter eigen, wovon seine häufigen Überarbeitungen zeugen.

23,3 *abquälte:* Befreiung von den Qualen wird ihm die Musik bringen, anders als Oblomow in Gontscharows gleichnamigem Roman (1859), der die Musik als einziges Mittel für Affektionen und gegen seine Langeweile gebraucht bzw. empfindet.

23,4 *ohne Gehalt:* vgl. Anm. zu 22,13 f

23,5 *Beförderung:* vgl. 23,20.

23,8 *Um diese Zeit:* Zäsur in der Erzählung des Spielmannes.

23,8–12 *es gibt ... meines Lebens:* In der Erzählung eine Geschichte zu erkennen, meint, daß sich die Ereignisse seines Lebens sinnvoll verdichten. Dabei unterschlägt der Spielmann einen wesentlichen Umstand: seine Begegnung mit Barbara, die ebenfalls zu einer freudigen und traurigen Begebenheit seines Lebens geworden ist. Der Widerspruch zu 42,34 ff. ist offensichtlich, da dort der *Glückstag meines Lebens* mit dem Kuß durch die Scheibe assoziiert wird. Folgende Überlegungen/Vermutungen können diesen Widerspruch aufklären bzw. auflösen helfen: Einmal mag die lange Entstehungszeit der Erzählung die inkonsequente Darstellung zu verantworten haben (vgl. Kap. II,1), dann mag in der Erzählung selbst ein Prozeß gesehen werden, der das tatsächlich wichtigste Ereignis erst ans Licht bringen soll. Vgl. 50,5 ff. (Trennung von Barbara).

23,22 *Mutter:* einziger Hinweis auf Jakobs Mutter in der Erzählung; dies beiläufig in Parenthese.

23,26 *Speisehause:* Speisegaststätte. Jakob selbst bekommt bezeichnenderweise kein Geld in die Hand; vgl. das Bettler-Motiv oder den Betrug bei seiner Erbschaft.

23,28 f. *längstens:* spätestens. Jakob ist eben kein Mann, sondern ein Kind. Barbara zu Jakob: *Sind Sie ein Kind!* (44,33 f.).

23,31 *angegriffenen Augen:* »paßt ganz auf Grillparzer selbst [...] auch Tgb. VI, S. 24, Nr. 4230« (HKA I,13,343).

23,32 *dachte auf:* Austriazismus, ebenso 45,20.

23,35 *Lied:* »Das Lied ist leitmotivisch eingebaut, es wird gespielt [24,7 ff.] (noch vor der Erwähnung Barbaras), dann [52,18 ff.] (nach der Erzählung des Spielmanns), zuletzt klingt es [54,31 f.] aus dem Jenseits herüber« (HKA I,13,343).

24,4 *Worte verderben die Musik:* Idee der absoluten Musik (vgl. Anm. zu 13,6). Schopenhauer (»Die Welt als Wille und Vorstellung«) und nach ihm Nietzsche (»Die Geburt der Tragödie aus dem Geiste der Musik«) haben die Musik – in scholastischer Terminologie – zu den *universalia ante rem* gezählt: Musik ist das unmittelbare Abbild des Willens selbst, sie ist die Sprache des dionysischen Ureinen. Vgl. 25,27 ff.

24,6 *keine Stimme:* ebenso 34,16.

24,8 f. *gemütlichen:* Gemeint ist ›gemütvollen‹, entsprechend Tagebuchnotiz vom Herbst 1838 (HKA II,7,244). Zusammen mit den anderen Angaben (*einfach*, *rührend* in 24,1 oder *gar nicht ausgezeichneten* in 24,9) über das Lied läßt es an ein (volkstümliches) *Wienerlied* denken.

24,10 *zitterten:* ebenso 31,27 f.

24,17–24 *Da fiel mir ... angerührt hätte:* ähnlich in Grillparzers »Selbstbiographie« (HKA I,16,98). Dabei könnte auch ein Leseerlebnis nachgewirkt haben: In »Der taube Lautner. Eine einfache Erzählung« von J. A. Friedrich Reil (veröffentlicht in der »Aglaja auf 1818«, S. 179–200) findet sich Seite 196 folgende Stelle: »Endlich erleuchtet, als wenn der Himmel sich plötzlich vor ihm aufgetan hätte, sah er eines Tages seine Laute an der Wand an, und rief in freudigem Ausdruck: ›Komm herab, du sanfte Spenderin freundschaftlicher Jugendgefühle, nun du Mittlerin meiner Herzenslast!‹« In Reils Erzählung verzichtet der Lautner selbstlos auf sein Lebensglück, auf Betty (Betty ist eine Wiener Koseform für Barbara), die Tochter eines wohlhabenden Amerikaners. Er ist der Sohn eines armen Bauern, den der Vater seines Freundes (ein Hofrat) mit diesem zusammen hat erziehen lassen. Als der Freund ins Unglück gerät, setzt er sich für ihn aufopfernd ein. Betty läßt dem Lautner für seinen freiwilligen Verzicht eine Erbschaft zukommen. Später, als er taub geworden ist, unterstützt er den Jugendfreund dadurch, daß er in einem Gasthaus mit seiner Laute für Geld aufspielt. Ein Fremder hält sich in dem Wirtshause auf, findet Interesse an dem Musikanten und erfährt von dem Wirt die Lebensgeschichte des Lautners, die – voll von Abenteuern und Wechselfällen – unwahrscheinlich, bizarr und kurios erscheint. Auch hier wird eine Lebensgeschichte als Erzählung in die Erzählung integriert. Sie ist jedoch – einmal von den seltsamen Handlungselementen abgesehen – von dürftiger sprachlicher Ausdruckskraft und voll kläglicher Rührseligkeit, keineswegs ein sprachliches Kunstwerk. Wesentlich verwandt mit dem »Armen Spielmann« sind nur einzelne Handlungselemente und die integrierende Erzählform. Vgl. auch HKA I,13,322. Beachte hierzu von Franz Schubert (Text von Franz von Schober) das 1817 komponierte Lied »An die Musik«: »Du holde Kunst ...«.

24,19: *an der Wand hing:* wie am Schluß der Erzählung nach Jakobs Tod (56,14 ff.).

24,24 f. *Der Ton ... wieder heraus:* vgl. 25,28. Backmann verweist auf eine Tagebuchnotiz von 1820/21 (HKA II,7,317): »Wer Deine Kraft kennt, Melodie! die, ohne der Worterklärung eines Begriffs zu bedürfen, unmittelbar aus dem Himmel, durch die Brust, wieder zum Himmel zurückziehst« (HKA I,13,343).

24,28 *Einsamkeit:* ein typisches Grillparzer-Motiv. Vgl. z. B. »Des Meeres und der Liebe Wellen«: »Nicht Götter steigen mehr zu wüsten Türmen, / Kein Schwan, kein Adler [Zeus] bringt Verlaßnen Trost, / Die Einsamkeit bleibt einsam und sie selbst. / Auch eine Leier legten sie hierher. / Ich habe nie gelernt, darauf zu spielen; / Ich wollte wohl, ich hätt's! – Gedanken, bunt / Und wirr, durchkreuzen meinen Sinn, / In Tönen lösten leichter sie sich auf« (3. Akt).

24,30–32 *daß ich ... an mein Herz:* Seuffert meint: Umarmung und Kuß der Violine gälten – unbewußt – Barbara; Politzer dagegen: »Von allem Anfang an sucht Jakob nicht Barbara, sondern ihr Lied, und findet in diesem sich selbst« (S. 30). Bemerkenswert ist dabei 26,5 ff. Auch in Josef Alois Gleichs »Herr Adam Kratzerl von Kratzerlfeld« (1816) klammert sich der einst arme Geiger an sein Instrument.

24,35–25,1 *mit dem Nachspielen ... Noten:* »Gleichwie Grillparzer in der Szene: Kuß durch die Glasscheibe [42,24 f.] für die Insuffizienz des Menschen Jakob ein Symbol gefunden hat, hat er auch für Jakobs Insuffizienz als Künstler ein eindrucksvolles Symbol vor Augen gestellt, und ich möchte meinen, daß ihn hier eben der Gedanke an Goethe geleitet hat. Das einfache Lied, das Jakob die von Natur richtige Barbara singen hört und das ihn so verzückt, vermag er trotz mehrfachen Anhörens nicht auf der Geige nachzuspielen. Er muß es in Noten haben – und er erstaunt über das ›natürliche Ingenium‹ [29,24], kraft dessen Barbara dazu imstande ist, das Lied bloß nach Gehör wiederzusingen; sie ahnt gar nichts davon, daß man dergleichen auch in Noten aufschreiben kann. [...] Gerade durch diese Konsequenz verleiht Grillparzer der Abrechnung mit sich selbst, dem Bekenntnis der Insuffizienz als Dichter die schneidende Schärfe. Das ›natürliche Ingenium‹, das er in Goethe erkannte, hat er sich selber lebenslang aberkannt« (Jungbluth, S. 50).

25,1–5 *Ich hatte ... überhaupt spielen:* ähnlich in der »Selbstbiographie« (HKA I,16,98).

25,4–35 *Ich konnte ... der da kommt von Gott:* betrifft das Wie und Was, Form und Inhalt, Musik und Worte; es ist Ausdruck der absoluten Musik, die an kein Thema gebunden ist, sondern nur harmonischen Klang schlechthin darstellt; mit Jakobs Phantasieren eng verbunden. Vgl. 24,4 und 29,18 f.

25,9 f. *den lieben Gott spielt keiner:* Dieser musikalische Gottesdienst, der im Spiel Gottes sein Ideal erkennt, versucht, in einem reinen Ton reine Unbestimmtheit, das Absolute, zu vergegenwärtigen. Vgl. Kap. II,3. In Grillparzers Huldigung an Mozart, in dem Gedicht »Zu Mozarts Feier« (1812), heißt es: »Nicht was der Mensch in seinem Dünkel denkt, / Was Gott verkörpert in der Schöpfung dachte, / War ihm der Leitstern seines edlen Tuns« (HKA I,10, Nr. 108, V. 45–47).

25,12 *zerlechzenden:* Intensivum für ›lechzenden‹; »Grillparzer liebt die Vorsilbe zer-, vgl. Tgb. I, S. 243« (HKA I,13,343).

25,15 *Nota sensibilis:* der Leitton, der zu einem anderen hinleitet; die große Terz und Septime in der Tonleiter. (Die musikalischen Fachausdrücke auf Seite 25 werden nach den Anmerkungen der HKA I,13,343 f. erklärt.)

25,16 f. *hinaufsteigt ... herabgebeugt:* vgl. 29,31 ff.

25,17 *herabgebeugt:* herabgebeugt durch die Auflösung nach abwärts. Das Hinaufsteigen des Tones wird euphemistisch mit Hoffnung, das Herabsteigen – dissonantisch – mit Bosheit und Stolz verbunden: gleichsam eine Form musikalischer Ethik und tonaler Kosmologie. Überhaupt werden die musikalischen Verhältnisse weitgehend mit religiösen oder theologischen Vorstellungen und Begriffen kommentiert (z. B. *Gnade*, *Wunder*).

25,18 *Bindung:* Liegenbleiben eines Tones während eines Akkordwechsels.

25,19 *Umkehrung ... Sekunde:* Wechsel des Baßtones im gleichen Akkord (= Umkehrung). Dabei und bei Bindung:

In beiden Fällen erscheint wiederholt ein Sekundenintervall innerhalb des Zusammenklanges. Durch seine Auflösung gelangt die *Sekunde zur Gnade in den Schoß des Wohlklangs.*

25,20 *Gnade ... Wohlklangs:* »Sonderbar fügt sich der religiöse Begriff der Gnade zu dem ästhetischen des Wohlklangs und dem sexuellen des Schoßes« (Politzer, S. 44).

25,22 *fuga:* kontrapunktische Kunstform mit höchstentwikkelter Gleichstellung aller beteiligten Stimmen, wobei ein Thema zuerst von einer Stimme gebracht und dann von den andern nach bestimmten Regeln übernommen und durchgeführt wird.

25,23 *punctum contra punctum:* der Kontrapunkt; hier wohl in engerer Bedeutung: Lehre von der Hinzusetzung einer oder mehrerer Stimmen zu einer schon gegebenen Stimme.

25,23 f. *canon a due, a tre ...:* zwei-, dreistimmige Komposition, in der eine Stimme von der oder den andern Stimmen Note für Note nachgeahmt wird.

25,24 *Himmelsgebäude:* eine Komposition, in der sich der ganze Kosmos niederschlägt.

25,25 *eines ins andere greifend:* musikalisch notwendig und organisch verbunden, entsprechend Grillparzers Definition der Melodie: vgl. Anm. zu 8,2. Zur gelungenen Komposition gehört nach Grillparzer nämlich »das Band der inneren Notwendigkeit, wodurch die einzelnen willkürlichen Gestalten der Kunst zu einem organischen Ganzen, zu einer *Kunstwelt* verbunden werden« (Tagebuchnotiz von 1820, HKA II,7,299).

Mörtel: Gemeint sind die Worte, die die Musik verderben, statt musikalischen Zusammenhang zu stiften. Deshalb werden sie in 25,27 als störend empfunden.

25,26 *gehalten von Gottes Hand:* Metapher für den absoluten Zusammenhang, für die Idee der absoluten Kunst, die sich nicht ableiten läßt.

25,30 f. *Kinder Gottes sich verbanden mit den Töchtern der Erde:* 1. Mose 6,1 f.: »Da sich aber die Menschen begannen zu mehren auf Erden, und ihnen Töchter geboren wurden, da sahen die Kinder Gottes nach den Töchtern der Menschen, wie sie schön waren, und nahmen zu Weibern, welche sie wollten.« Backmann verweist auf Goethes »Italienische Reise«, wo dies auf die Malerei angewendet wird: »Es ist, als da sich die Kinder Gottes mit den Töchtern der Menschen vermählten: daraus entstanden mancherlei Ungeheuer.« – »Hier sind die Töne die *Kinder Gottes*, die sich mit den Worten, den *Töchtern der Erde*, verbinden, damit selbst ein verstopftes Ohr, ein *schwieliges* = hartes, verhärtetes Gemüt auch so etwas wie Musik empfinde. Verwandt, aber viel weicher gedacht und empfunden, wird von jeder Kunst gesagt ›Zu Mozarts Feier‹ (HKA I,10, Nr. 108) V 56: ›In der der Himmel sich vermählt der Erde.‹« (HKA I,13,343 f.).

25,31 f. *angreife und eingreife in ein schwieliges Gemüt:* erinnert an die Sprache Luthers.

25,33 f. *Rede ... Speise ... Trank: Trank* = Musik. Im Tagebuch (1822: HKA II,8,72; Sommer 1839: HKA II,10,290) wird dagegen der Trank zu einem Sinnbild für die Poesie. Die Musik soll rein erhalten bleiben, also ohne Worte komponiert und gespielt werden. – In fast allen Dramen Grillparzers werden verschiedene symbolische Bezüge durch Musik hergestellt, die – vereinfacht gesagt – entweder die Handlung aufhebt oder eine Opposition zur Rede bildet. Ob das Harfenspiel einer schönen Seele reine Menschlichkeit zum Ausdruck bringt (Berta in »Die Ahnfrau«), die Töne des Derwischs das wahre Sein der Kunst gegenüber einer fragwürdigen Biedermeieridylle verlauten lassen (»Der Traum ein Leben«), ob Medea ihre Leier zerbricht und damit ihr Verhältnis zu Jason zerstört (»Medea«), oder ob Ottokar bei seinem ersten Auftritt von martialischer Musik begleitet wird (»König Ottokars Glück und Ende«), die ihn einprägsam charakterisiert, und den Zitherspieler mit Geld und Verachtung belohnt, Bancbanus durch Hohngesang zur Spottfigur wird (»Ein treuer Diener seines Herrn«) oder Rachel durch Musik zur Ahnung ihres Schicksals gelangt (»Die Jüdin von Toledo«): durchweg besitzt die Musik einen ausgezeichneten Rang in der Dramaturgie seiner Stücke.

26,6–18 *Ich sah sie ... Kanzlei:* die ersten ausführlicheren Hinweise auf Barbara, die bei ihrer Tätigkeit beobachtet wird, nachdem sie vorher in 24,34 nur allgemein als »Weibsperson« angesprochen worden war. Seuffert über die Gegensätzlichkeit von Jakob und Barbara: »Er ist zart, sie ist stämmig, er ist höflich, sie ist grob, er ist an Abhängigkeit gewohnt, unterwürfig, sie ist selbständig und herrisch, er ist wenig tauglich zum Verdienen, sie ist erwerbstüchtig; er lernt mit ausdauernder Mühe Musik und fühlt sich in Tönen glücklich, sie singt aus Naturbegabung und hat keinerlei inneres Verhältnis zur Musik. Zweifellos sind die Unterschiede aneinander aufgebaut« (S. 304).

26,7 *Korb:* Wiederaufnahme eines Demeter-Motivs; wiederholt in 27,21; 28,11; 28,25; 29,35; 30,15.

26,10 *da ... inne:* darin.

26,13 *eines:* Genitiv: eines menschlichen Wesens. Im Text der HKA groß geschrieben (HKA I,13,56).

26,23 *vor sich bringen wollten:* zubringen wollten.
eilf: ältere, umgelautete Form von ›elf‹.

26,27 *Feilschaften:* Waren, die sie feilbieten, anbieten. Grillparzer verwendet diesen Ausdruck mehrfach, so z. B. auch Tagebuchnotiz Ende 1841 (HKA II,10,337).

26,31 *Grieslers:* Der Greisler oder Griesler ist ein kleiner Händler, der in seinem Laden allerhand Eßwaren, billige Besen, Pantoffeln, Zündhölzer, Petroleum, Holz, Kohlen usw. verkauft (nach HKA I,13,344 f.).

26,35 *grämliche:* In E. T. A. Hoffmanns Erzählung »Des Vetters Eckfenster« wird der alte Invalide stets so bezeichnet; auch bei Grillparzer mehrfach, z. B. »Hero«, V. 66, oder im Tagebuch von 1822 und 1834 (HKA II,8,48 und II,9,181) vorkommend.

26,36 *selten ermangelte:* selten es unterließ.

27,3 f. *nicht für schön:* entsprechend in 55,8 f.: *Es schien fast, als ob sie nie schön gewesen sein konnte.*

27,5 f. *Katzenaugen:* ähnlicher Sinn in 28,31. Die Augensymbolik spielt in Grillparzers Dramen – insbesondere in der »Jüdin von Toledo« – eine gewichtige Rolle.

27,6 *Pockengruben:* Pockennarben.

27,7 *stämmigen Wuchs:* Alle Charakterisierungen Barbaras laufen auf dieses körperliche Merkmal hinaus.

27,9 *Ohrfeige:* eine Vorausdeutung auf 41,33 ff.

27,12 f. *Teils ... teils:* Gliederung und Ordnung der Sprache, typisch für den Spielmann; vgl. 31,18; 38,18 f.

27,13 *Speise und Trank:* hier – im Gegensatz zu 25,34 – auf das Physische bezogen.

27,14 f. *Bedürfnis ... Lust und Vergnügen:* physisches Bedürfnis im Gegensatz zu der Lust beim Kunstvergnügen (Musik).

27,18 *ihr:* Dativ nach der französischen Konstruktion von ›faire‹.

27,21 *Jungfer:* Das Wort, das heute fast nur noch in der Verbindung ›alte Jungfer‹ gebräuchlich ist, hat sich in spätmittelhochdeutscher Zeit aus mhd. juncvrou (we) ›junge Herrin, Edelfräulein‹, also wie urspr. ›Jungfrau‹, entwickelt. Es bezeichnete dann eine junge, noch unverheiratete Frau (adligen Geschlechts), speziell auch ein adliges Fräulein, das einer Fürstin zur Aufwartung dient. Dann allgemein Anrede für unverheiratetes Mädchen: vgl. etwa Kleists »Der zerbrochne Krug«. Nicht abwertend gemeint.

27,27 f. *Kanzleipapier:* s. HKA I,13,345.

27,31 *schlug eine kleine Lache auf:* lachte, kleines Lachen. *Lache* wurde von Klopstock in die Schriftsprache eingeführt, »eine Lache aufschlagen« ist auch bei Wieland belegt. Vielleicht Nachklang von 21,22 *Cachinnum*.

27,36 *Buch Papier:* im Papierhandel damals üblich als 24 Bogen Schreib- oder 25 Bogen Druckpapier (nach HKA I,13,345).

28,3 *Harnisch:* Brustpanzer.

28,10 *nahm mir ein Herz:* typische Wendung des Spielmanns, wenn es um eine herbeizuführende Begegnung mit

Barbara geht; entsprechend 31,30 und besonders charakteristisch 42,23.

28,11 f. *den Korb ... gestellt:* ebenso in 29,35 ff.

28,14 f. *mit dem ... Fuß den Takt ... tretend:* dagegen der Spielmann in 7,31 ff. mit dem ganzen Körper.

28,23 *man kann alles brauchen:* Dies unterscheidet Barbara von Jakob.

28,29 *Handhabe:* hier: Griff, Henkel des Korbes.

28,31 f. *fiel rasch ein:* sagte schnell; wie ›ins Wort fallen‹.

28,34 f. *besonders eines ... wo?:* anknüpfend an 23,35 f. und fortgeführt in 29,1 f. Vierfaches Fragezeichen wie in 20,5 f.

29,4 *kratzt:* vgl. 14,27; 29,13; 34,19 f.

29,6 f. *die nötige Geläufigkeit ... gebracht:* dagegen 12,27.

29,12 *gereute:* ähnlich 42,9 ff.

29,14 *höflichst:* typischer Superlativ wie *mildest* (12,32) und *devotest* (13,25 f.).

29,18 *Worte:* aber nicht Noten, Töne. Wieder sein Insistieren auf der reinen Musik.

29,20 *Schreibt man ... auf?:* »Erinnert an das leswütige Blumenmädchen in E.T.A. Hoffmanns ›Des Vetters Eckfenster‹: ›Der Begriff eines Schriftstellers, eines Dichters war ihr gänzlich fremd, und ich glaube wahrhaftig, bei näherer Nachfrage wäre der fromme kindliche Glaube ans Licht gekommen, daß der liebe Gott die Bücher wachsen lasse wie die Pilze‹« (HKA I,13,345).

29,23 f. *Ich hörte ... sang ich's nach:* mimetisch wie in »Medea«, V. 616: »Ich sang's nur nach, wie ich's ihn singen hörte.«

29,24 *natürliche Ingenium:* natürliche Begabung, Genie. Dies erkannte Grillparzer insbesondere Goethe zu. In einigen seiner Aufsätze kehrt die Unterscheidung von ›Genie‹ und ›Talent‹ wieder, wobei Grillparzer Genie als Befähigung zur Wissenschaft, zum Ideenbilden, ›Talent‹ dagegen als die dem Künstler allein notwendige bezwingende Gestaltungs- oder Darstellungskraft versteht. Der seltene Glücksfall der Literaturgeschichte liegt vor, wenn sich in einem Dichter Talent und Genie vereinen. Gemessen an Schillers Distinktion von naiver und sentimentalischer Dichtung hätte sich Grillparzer in der letzteren, Goethe hätte er dagegen – wie es auch Schiller tat – in der ersteren wiedererkannt, gleichwohl wissend, daß die sentimentalische Dichtung *doch nicht das Rechte, die eigentliche Kunst* (29,26 f.) sei, also dem Sinn der Rede des armen Spielmannes entgegen.

29,35 f. *setzte ... Schemel:* s. 28,12.

30,1 *Haupt duckte:* vgl. 34,1; dagegen wächst Jakob, wenn er zu seiner Erzählung ansetzt (19,29).

30,3–6 *nach ihrer ... Hand ... wollte ich sie:* Berührung wird in Grillparzers Schauspiel »Die Jüdin von Toledo« zum handlungsauslösenden Moment des gesamten Dramas. – Der Kuß wird später (42,24 f.) dann durch eine Glasscheibe gegeben.

30,9 *Begierde:* Der arme Spielmann wird von Begierde nach dem Lied getrieben, wie der Erzähler von seinem anthropologischen Heißhunger und seiner psychologischen Neugierde nach dem Zusammenhang der Umstände in Jakobs Lebensgeschichte.

30,11 *Peterskirche:* im 18. Jh. nach den Plänen von Johann Bernhard Fischer von Erlach, dem bedeutendsten Wiener Baumeister, neu erbaute Kirche auf dem Petersplatz am Graben (Wien); soll von Karl dem Großen gegründet worden sein.

30,11 f. *Muskatnuß:* vgl. Anm. zu 30,34 f.

30,15 *Geleite:* neben anderen Höflichkeitsgesten mehrfach erwähnt: 33,1 und 38,3 (in Verbindung mit dem Griesler); vgl. 55,21 ff. das Totengeleit für den Spielmann.

30,22 *Erlaubnis:* vgl. 11,29.

30,26 f. *daß ich ... sei:* dagegen Jakobs Auffassung in 10,34 ff.

30,34 f. *Muskatnuß:* Die HKA verweist auf Chaucer, »Sir Thopas« in den »Canterbury Tales«: »And notemugo to putte in ale / Whether it be moyste or stale.« In dem Werk

»Physica« der Hildegard von Bingen wird Muskatnuß zum Würzen von Bier empfohlen.

31,4 f. *Zudringlichkeit ... Gleichgültigkeit:* Gebote der Höflichkeit und des rechten Maßes. Vgl. Schopenhauers (Stachelschwein-) Fabel von der Höflichkeit.

31,11 *Violine:* eigtl. das Violinenspiel.

31,12 *Fundament:* musikalische Grundübungen nach Regeln; wiederum im Gegensatz zum Phantasieren in 31,14 *aus dem Kopfe ... spielen.*

31,17 *mein Lied:* vgl. 35,7; 39,32; 41,17.

31,19 f. *nicht ... unterscheiden konnte:* vgl. 16,17, auch dort sind die Töne nicht unterscheidbar.

31,21 *Endlich:* in 31,29 wiederaufgenommen, jeweils mit angeschlossener Parenthese.

31,22 *vermochte ... auszuhalten:* Sein Drängen gilt dem Lied, in 41,25 dagegen Barbara.

31,24 *Hut:* vgl. Anm. zu 33,22.

32,1 *lugte ... hinein:* ebenso 50,11: *blickte ich endlich seitwärts in den Laden hinein.*

32,3 *Mulde:* längliches Gefäß.

32,3 f. *Erbsen ... lesen:* Aschenputtel-Motiv; ›lesen‹ gehört wie ›sammeln‹ zum Demeter-Motivkreis.

32,5 f. *Knittel ... Fleischhauer:* 54,1 ›Landfleischer‹. »In E. T. A. Hoffmanns ›Des Vetters Eckfenster‹ tritt ein streitsüchtiger ›Fleischerknecht‹ mit einem ›furchtbaren Knüttel‹ auf, ›den er wie ein Gewehr über die Schulter gelehnt trug‹« (HKA I,13,346). Vgl. auch das Ende von Kafkas Erzählung »Die Verwandlung«. Der Fleischhauer (Metzger) ist allein schon äußerlich das Gegenbild zu Jakobs Unmännlichkeit.

32,13 *mit derber Hand:* Hand des Grieslers, korrespondiert mit der »derben« Gestalt des Fleischhauers: immer im Gegensatz zu Jakob.

32,20 *Rollgerste:* Gerstenkörner für Suppen.

32,21 *gemaust:* gestohlen.

32,25 *wie vernichtet:* Das Gefühl der Vernichtung kündigt sich schon durch das Zittern, seine Angst und Unentschlossenheit an (er setzt sich ja über ein Verbot des Vaters hinweg). Er fühlt sich auch moralisch vernichtet. Insuffizienz- und Vernichtungsgefühle waren Grillparzer selbst – wie sein Tagebuch mehrfach belegt – nicht unbekannt.

32,27 f. *Ich verbeugte mich:* Verbeugung und Höflichkeitsgeste sollen zunächst Distanz – nach dem physischen Übergriff des Grieslers – schaffen, dann ihm den Anschein der Ehrlichkeit wiedergeben, obgleich sich Jakob objektiv keiner Verfehlung schuldig weiß. Er macht aber die Sicht der anderen zu seiner eigenen. Das sinnreiche Wechselspiel von Außen und Innen führt in seiner psychischen Vertracktheit zur Aufdeckung von Jakobs Wünschen, die er als verwerflich ansehen muß, da sie durch das Verbot des Vaters tabuisiert werden. Dabei erstreckt sich das Verbot nicht nur auf das Verlangen nach einer Frau, sondern ebenso auf seine *Begierde* (30,9) nach dem Lied, nach der Kunst. Man kann aber auch sagen, daß Jakob geradezu wünscht, ertappt zu werden, um dadurch seine Strafe für einen verbotenen Wunsch zu erhalten. Daß er ohne Hut angetroffen wird (vgl. 33,22), was ihm zur Verschleierung diente, zeugt jetzt gegen seine Rechtschaffenheit.

32,35 *Schlag:* deutet auf einen anderen Schlag, die Ohrfeige für Jakob, voraus (41,33 ff.).

32,36 *Griesler:* Backmann bezeichnet ihn als »reine Possenfigur« (HKA I,13,319). Seine literarischen Vorgänger finden wir im Wiener Volkstheater: der feilschende, kupplerische Alte tritt dort in verschiedenen Variationen auf.

33,19–21 *Es ist ... von sich warf:* Der innere Verweiszusammenhang von Barbaras Rede und Geste ist zu beachten.

33,22 *Hut:* Schon mehrfach angesprochen (19,30; 31,24; 31,31 u. ö.), wird an dieser Stelle deutlich, daß er zur Kennzeichnung des bürgerlichen Habitus gehört.

33,27 *Bedienten:* Jakob wird für einen Bedienten angesehen, deshalb empfindet er die Auskunft über seine Abstammung fast als eine Lüge, die Verlegenheit eines Verstoßenen.

33,30–34,3 *Veränderungen ... zurückstrich:* liest sich wie die

Regieanweisung zu einer Posse. Außerdem ein einprägsames Beispiel für Grillparzers ›sukzessiven‹ Stil in dieser Erzählung: mit besonderer Behutsamkeit wird der Vorgang in Einzelszenen zerlegt.

34,1 *Gleichgültigkeit:* wie 31,5 und 33,3, dagegen sichtliches Einverständnis mit dem Fleischhauer (32,33 f.).
gebückten Stellung: vgl. 30,1.

34,6 *Euer Gnaden:* österreichische Anrede für höhergestellte Personen, muß vom Spielmann als Hohn empfunden werden; vom Griesler speichelleckerisch gemeint, wirkt es objektiv ironisch.

34,7 *Barbara:* erste Namensnennung. »Auf die gleiche Weise fällt auch im ›Kloster bei Sendomir‹ zum erstenmal der Name Elga. – Barbara hieß die einzige Verheiratete von den Schwestern Fröhlich, Betty Bogner. Vielleicht rührt der Name daher. Ihres Sohnes Wilhelm nahm sich Grillparzer innigst an. Figur, Haushalttüchtigkeit mag von der ältesten Schwester Anna dazugekommen sein, anderes gar von Kathi« (HKA I,13,346; die Namenszuordnung nach Seuffert). Kathi Fröhlich war Grillparzers ›ewige Verlobte‹; seit 1849 lebt Grillparzer mit den Geschwistern Fröhlich in gemeinsamem Haushalt. Die Bekanntschaft mit Katharina (»Kathi«) Fröhlich (1800–79) reicht bis ins Frühjahr 1821 zurück. In ihrem Verhältnis zeigt sich ein ständiges Wechselspiel von Nähe und Distanz, von Anziehung und Abstoßung, eine Beziehung, die an Kafka und sein Verhältnis zu Frauen erinnert. Wilhelm Bogner war von Grillparzer auf seine zweite ›Deutschland‹-Reise 1847 mitgenommen worden; er führte das Reisetagebuch. Für Barbaras Sohn Jakob, dessen sich der Spielmann Jakob annimmt, ist das Vorbild vielleicht in Wilhelm Bogner zu sehen.

34,9 *Tuckmauser:* eigtl. Duckmäuser: so in HKA I,16,84. »Die andere Schreibung erklärt sich wohl aus dem entgegengesetzten Sinn: nicht sich ducken schwebt hier vor, sondern Tücke, allerdings im harmloseren Sinne von Trotz (Trotzkopf)« (HKA I,13,346).

34,11 *Vortuche:* Schürze. Aus ›Fürtuch‹ und dem im alpenländischen Dialekt gebräuchlichen ›Fürter‹ (grober Schurz).

34,12 f. *Hofrat ... Sohn:* eklatanter Lapsus linguae; über das Versprechen vgl. Sigmund Freud, »Psychopathologie des Alltagslebens«.

34,16 f. *von Natur ... hätte:* wie 24,6.

34,17 *Klavizimbel:* »Clavicembalo (cembalo = Hackbrett mit Klaviatur), wobei aber die Saiten nicht wie bei unserem Hammerklavier mit Hämmern geschlagen, sondern mit Rabenkielen gerissen wurden« (HKA I,13,346).

34,22 *spöttisch lächelte:* auch hier Spott; vgl. 40,30 und 21,22 (*cachinnum*).

34,24 *Mädels:* »Damals gewiß noch als dialektisch empfunden, hier gerade wegen des gewöhnlicheren Klanges verwendet. [...] Bei Goethe viel belegt« (HKA I,13,346).
heißt das in: das heißt in; Inversion, die das Kupplerische sprachlich veranschaulicht.

34,27–29 *Daumen ... übereinanderschob:* Zeichen für Zahlen und Geld.

34,36–35,2 *Die Spitze ... Papa:* »Er hat die Gefahr erkannt und vermittelt seine Befürchtungen auf diese naturburschenhafte Weise dem Hauptbetroffenen« (HKA I,13,346).

35,3 f. *standen ... Türe:* unpersönliche, subjektlose Rede unter Einfluß des Majestätsplurals.

35,5 f. *das Gefühl ... qualvoll:* Das Gefühl des Heimlichen und Unrechten wird qualvoll als Gefühl des Unheimlichen empfunden. Vgl. hierzu Sigmund Freud, »Das Unheimliche«, in: S. F., »Psychologische Schriften. Studienausgabe«, Bd. 4, Frankfurt a. M. 1970, S. 241 ff.

35,12 *wartete ... kommen sollten:* biblisch, Lk. 21,26.: »[...] und die Menschen werden vergehen vor Furcht in der Erwartung der Dinge, die über die ganze Erde kommen sollen«.

35,17–20 *Man hatte ... verbannt:* Der Hofrat verfährt mit Jakob wie Grillparzers Vater mit seinem Sohn, der in solchen Fällen die Gelegenheit entfernte. Vgl. »Selbstbiographie«, HKA I,16,90.

35,20 *verbannt:* Verstoßung und Verbannung aus dem elterlichen Haus bedeuten auch Vertreibung aus der bürgerlichen Gesellschaft.

35,25–27 *als ich ... von mir ab:* »Auch ein Zeichen der Macht des Hofrates, es war wohl außer einer Beschwerde an die Kanzlei, deren Folge die Einstellung des Kuchenhandels war, eine Zurechtweisung an den Griesler ergangen« (HKA I,13,346).

35,28 f. *holte ich ... und übte:* Musik und Einsamkeit sind hier motivlich verbunden.

35,31 *Mein jüngster Bruder:* anknüpfend an 20,9 ff. – Entfernte Erinnerung an den Tod von Grillparzers jüngstem Bruder Adolf (geb. 1800), der sich 1817 in der Donau ertränkte, aus Furcht, ein schlechter Mensch zu werden. In seinem Abschiedsbrief heißt es: »Wenn einstenz der Franz sich verheurathen sollte und Kinder bekommt, so soll er ihnen warnen, daß sie nicht mir gleich werden.«

35,33 *Dragonern:* Dragoner: milit. leichte Reiterei.

35,36–36,7 *Der ältere ... aus dem Lande:* vgl. »Ein Bruderzwist in Habsburg«, V. 99. Grillparzers Bruder Karl (1792–1861) bereitete dem Dichter verschiedentlich Mißhelligkeiten, so z. B. als er Geld veruntreute oder sich in einem Wahnanfall eines Mordes bezichtigte. Karl war seinem Vater »durch sein trotziges und störrisches Wesen beinahe zuwider« (»Selbstbiographie«).

36,1 *in einer Provinz ... angestellt:* als Rat bei einer Landesbehörde angestellt. Grillparzers Bruder Karl war bei der Zollverwaltung in Salzburg als Beamter tätig. Er verließ 1836 heimlich, also ohne formelle Kündigung, sein Amt.

36,13 *Schlagfluß:* Schlaganfall (Apoplexie). In der »Selbstbiographie« gibt Grillparzer als Todesursache seiner Mutter »Schlagfluß« an, obgleich sie 1819 den Freitod gewählt hatte.

sprachlos: schärfster Kontrast zu der Wortgewalt des Hofrats.

36,18 *kein Arges:* keinen Argwohn.
36,20 *Flor:* Trauerflor.
36,22 *widerhältig:* urspr. Lesart: rüstig; widerstandsfähig.
da fiel's mich an: vgl. 41,25, auch HKA I,10, Nr. 19, V. 61.
36,22–25 *Ich sank ... ganze Nacht:* Bei Grillparzer hinterließ der Freitod seiner Mutter 1819 einen vergleichbaren Schock. Eine mehrmonatige Italienreise im selben Jahr diente der Ablenkung und Stabilisierung.
36,28 *Ich hatte ... sprechen können:* ähnlich Grillparzer gegenüber seinem Vater: vgl. die »Selbstbiographie« (HKA I,16,102 f.). Vgl. 21,32 f. Vgl. hierzu auch Kafkas »Brief an den Vater«.
36,33 f. *Absichten ... Werken:* vgl. 11,16 ff.; ein typisches Grillparzer-Motiv. In der »Medea«: »Nicht der Gedanke wird bestraft, die Tat!« (V. 1441); in »Ein Bruderzwist in Habsburg«: »Wir richten ob der Tat, den Willen Gott« (V. 33); in »Ein treuer Diener seines Herrn«: »Sei ganz wie Gott o König! Straf den Willen, / Und nicht die Tat, den launischen Erfolg« (V. 2014 f.). Diese Beispiele ließen sich beliebig vermehren. In allen Fällen geht es Grillparzer um die philosophische Klärung des Verhältnisses von Denken, Wille, Entschluß und Handlung, Tat – von Theorie und Praxis. Vgl. insbes. schon in »Die Ahnfrau« (V. 1880 f.) den Gegensatz von »Gedanken« und »Tat«.
37,3 *Kain, der Brudermörder:* 1. Mose 4 ff. – Vergleicht man diese Kennzeichnung mit der Bewertung der väterlichen Wohnung – sie wird als ein *Schreckbild* (37,4) und als *gefürchtetes Haus* (37,7) gemieden –, bedenkt man weiterhin die Rolle des Vaters in der Erzählung und erinnert man sich schließlich der Schuldgefühle und Strafwünsche Jakobs, dann wird die ödipale Konstellation in der Erzählung, der Wunsch nach Tötung des Vaters, offensichtlich. Die Verschweigung der Mutter könnte dann – in Folge einer Verschiebung – eigentlich dem Verschweigen des Vaters gelten. Grillparzer hat 1817 im Tagebuch ein bemerkenswertes Theatererlebnis festgehalten. »Mlle Demmer [eine

Wiener Aktrice] spielte in dem [...] Drama die Rolle der Taubstummen mit hinreißender Lebhaftigkeit. Am Schlusse des Stückes, als sie den Mörder ihres Vaters erkennt, wurden ihre Bewegungen mit jedem Moment immer heftiger, und ich war fast im Fieber. Endlich erblickt sie das verhaßte Antlitz und fährt entsetzt zurück. Da war's geschehen. Der Schlag ging durch meinen ganzen Körper und ich war darnach so ermattet, daß ich mich mühsam aus dem Theater schleppen mußte. Auch hier war meine Empfindung gleichsam mit einem schimmernden Lichte begleitet, das aus dem Körper der Schauspielerin auszugehen schien« (HKA II,7,89 f.). Eine ähnliche Empfindung hatte Grillparzer, als er im Theater einmal dem Gesang eines Kastraten folgte. In beiden Fällen war die Wirkung einem elektrischen Schlag zu vergleichen, der ihn physisch marterte. Vgl. hierzu: Thomas Horst, »Franz Grillparzer – Eine Charakterstudie«, in: Bachmaier, S. 106 ff.

37,15 f. *Niemanden ... Mitleid fühlt!:* Diese Klage über Einsamkeit darf als direkte Aussprache des Dichters über seinen eigenen Zustand gelesen werden.

37,19–21 *Barbara ... abschloß:* »Barbara will nicht den Anschein erwecken, als ob sie ihm jetzt, wo er zu Vermögen gekommen ist, freundlicher begegne als früher« (HKA I,13,347).

37,29 *Knoppern:* Galläpfel an den jungen Kelchen der Eicheln, unterschieden von den eigentlichen Galläpfeln, die an Blättern und Stielen wachsen. Das Wort ist in Schlesien, Mähren, Österreich, Ungarn heimisch gewesen, von wo die Knoppern in den Handel gekommen sind. Sie wurden, zu Mehl gemahlen, von den Gerbern zur Bereitung des Leders gebraucht (nach HKA I,13,347).

37,30 *Compagnon:* Gesellschafter, Teilhaber, Mitinhaber eines Geschäftes; der Griesler empfiehlt sich dabei selbst.

37,31 f. *Groschen in Gulden verwandeln:* wie ›Pfennige in Mark verwandeln‹.

37,36 *rascheln hörte:* vermutlich vom Geräusch der Kleider.

38,4 f. *Ich war traurig ... getröstet:* vgl. 50,35 ff.
38,21 *Nothilfe:* Hilfe in der Not.
38,31 *schmälte:* lästerte; schmälen: veraltet für ›zanken, lästern‹. Vgl. »Die Argonauten«, V. 362.
39,10 *Sekretär meines Vaters:* Grillparzers Vater, Wenzel G., war von seinem Kompagnon betrogen worden: vgl. »Selbstbiographie« (HKA I,16,100).
39,12 f. *Auskunfts-, Kopier- und Übersetzungs-Comptoirs:* Comptoir: Büro, Anstalt. Zu Beginn der vierziger Jahre des 19. Jh.s wurden in Wien verschiedene Auskunfts-, Kopier- und Übersetzungsbüros neu eingerichtet, so daß damit auch ein Hinweis auf die Entstehung dieses Textabschnitts gegeben ist. Vgl. HKA I,13,311 und Kap. II,1.
39,19 *schon vorsichtig geworden:* angesichts der Tatsachen grotesk.
Handschrift: schriftlicher Beleg, Quittung; eigenhändig unterschriebener Schuldbrief.
39,20 *Kaution:* Sicherheitsleistung in Form einer Geldhinterlegung (lat. cautio ›Behutsamkeit, Vorsicht‹).
39,26 *erhoben:* zur Erhebung gehört das Erhabene (sittlich, ästhetisch).
39,27 *ein Mann:* vgl. 45,8 (*weibische Männer*) und 44,34 (*Kind*). Daß der Spielmann dann, wenn er sich als Mann fühlt, den Vater vergessen kann (*Kaum, daß ich meines Vaters noch gedachte*), erklärt sich aus der scheinbar gewonnenen Selbständigkeit durch das zugefallene Erbe, das jedoch unvorsichtigerweise vertan wird. Also erst nach des Vaters Tod gelangt er zur Männlichkeit, verspielt aber seine Selbständigkeit, wird wieder zum *Kind*. Männlichkeit (nicht Machismo!) ist ein Grillparzer zutiefst eigenes Thema, deshalb auch seiner Dramenfiguren. So Jaromir in der »Ahnfrau«: »Ei bei Gott, ich bin ein Mann! / Ich vermag was einer kann« (V. 822 f.). Oder Rustan im 2. Akt von »Der Traum ein Leben«: »Bin ein Mensch erst und ein Mann.« In den Tagebüchern (21. April 1836): »Kann man ein Greis und ein Knabe zugleich seyn, indess man das

mittlere zwischen beiden seyn sollte: ein Mann« (HKA II,10,31).

39,35 f. *eiskalter Blick:* vgl. dagegen Schlußsatz der Erzählung. Die Augensymbolik ist bei Grillparzer wichtig.

40,5 f. *fuhr sie mit halbem Leibe empor:* halb mit dem Leibe empor; ähnlich im »Treuen Diener seines Herrn« nach V. 1003.

40,13 f. *Nicht als ob ... Danke gemacht hätte:* i. S. von ›nicht als ob ich ihr etwas recht gemacht hätte und sie mir deshalb hätte dankbar sein können / zu Dank verpflichtet sein können‹.

40,15 *ungeschickt:* typische Kennzeichnung des Spielmanns; vgl. Grillparzers Tagebuchnotiz vom 20. August 1846 (HKA II,11,199) zu diesem Umstand.

40,18 *Anmahnung:* der Spielmann erinnert im Aussehen an einen Hahn.

40,18 f. *Besonders zuwider ... die Kunden:* fast wörtlich wiederholt in 48,6 ff.

40,25 f. *zählte ... zu:* zählte ... ab.

40,26 *Welkpflaumen:* gedörrte Pflaumen.
klein Geld: Kleingeld, Wechselgeld.

40,27 *Irrungen:* Der Grund für seine Irrtümer wird in 22,13 f. genannt: *Rechnen war aber nie meine Stärke gewesen.*

40,30 *verlachte und verspottete:* Wiederaufnahme des *cachinnum*-Motivs (21,22).

40,35–41,2 *Sie hörte ... zuerst kennengelernt:* Barbara als Zuhörerin seiner Lebensgeschichte wie jetzt der Erzähler als Zuhörer.

41,6–8 *Von Musik ... sei da nichts:* Im übertragenen Sinne gilt auch hier: *Worte verderben die Musik* (24,4); natürliches Ingenium und Reflexion werden als Gegensatz fixiert.

41,8 *Maul halten:* »Tgb II, S. 236: ›In Östreich hielte der Mann sein Maul‹; auch Tgb. IV, S. 87, S. 114, ferner I,16, S. 44. – Was Betty Fröhlich-Bogner einmal über Grillparzer schreibt: für diesen Menschen habe ich kein Maul und keine Ohren [...], könnte auch Barbara über Jakob sagen« (HKA I,13,347).

41,12 *Türe:* die Ladentür, nicht die Tür zum Hinterzimmer; der Zutritt zu diesem bleibt dem Spielmann verwehrt (41,11).

41,18–21 *Sie aber zwitscherte ... Schnäblein:* Häufung von Verkleinerungs- und Verniedlichungsformen (Diminutiva), die einen lieblichen Schäferton hervorrufen und das Entzücken des Spielmanns widerspiegeln. Vgl. 42,6.

41,22 *schlich:* ebenso 50,8.

41,24 *Gesang der Seelen:* Gesang zweier Seelen. Vgl. 25,28. Der Spielmann ist musikalisch eins mit Barbara.

41,31 *entschuldigen konnte –:* eine Aposiopese; diese rhetorische Figur, der Ellipse verwandt, zielt auf ein überraschendes Abbrechen inmitten der Rede vor der eigentlichen Hauptsache, eben der Ohrfeige durch Barbara, deren Wirkung im folgenden eingehend beschrieben wird (griech. ἀποσιώπησις ›Verstummen‹).

41,32 *früher:* 27,9.

42,1 *höchlich:* sehr.

42,4 f. *Die Lichter ... Himmelslichter:* Der Schmerz verwandelt sich für den Spielmann in Lust.

42,5 f. *Wie Sonne, Mond und Sterne:* Backmann erwägt: »Ist hier an das Volkslied gedacht, weil gleich darauf vom Versteckenspiel der Engel die Rede ist?« (HKA I,13,348).

42,8 *verzückt:* vgl. 41,18 ff. In den Tagebüchern (nach HKA I,13,348): »der Domherr [...] machte eine so verzückte Miene« (1819, HKA II,7,186); »sonderbar verzückter Franziskus« (Herbst 1826, HKA II,8,243); »die Verzükkung einer süßen Begeisterung auf den Lippen« (September 1843, HKA II,11,37).

42,9 *Hand wie begütigend:* Nach der begütigenden Geste mit der Hand folgt schließlich der Kuß (42,13). Das Berührungsmotiv erscheint in verschiedenen Variationen: Schlag (Ohrfeige), begütigende Berührung der Wange mit der Hand, Kuß, Klatschen des Spielmanns auf die eigene Wange, schließlich der Kuß durch die Glasscheibe (42,24 f.).

42,15 *klatschte:* Mit diesem Schlag will er sich die Empfindungen des Schmerzes und der Lust wieder vergegenwärtigen.

42,18 *auf sie losstürzte:* Zum erstenmal ist der Spielmann erotisch außer sich, fühlt er sich als Mann, wenngleich sein Kuß durch die Glasscheibe diese Erhebung wieder zunichte macht. Backmann hat darin eine Reminiszenz an Charlotte von Paumgartten (1793–1827), die Gattin eines Vetters und Freundes Grillparzers, sehen wollen (HKA I,13,348). Die Beziehung zwischen Grillparzer und Charlotte von Paumgartten begann 1818 und steigerte sich in den folgenden drei Jahren zu einer leidenschaftlichen Liebe. Charlotte wurde zum Vorbild für Medea. 1819 widmete ihr Grillparzer folgendes Gedicht:

Kuß

Auf die Hände küßt die Achtung,
Freundschaft auf die offne Stirn,
Auf die Wange Wohlgefallen,
Sel'ge Liebe auf den Mund;
Aufs geschloßne Aug' die Sehnsucht,
In die hohle Hand Verlangen,
Arm und Nacken die Begierde,
Übrall sonst die Raserei.

Grillparzer, »Gedichte«, S. 33.

42,23–25 *nahm ich mir ein Herz ... das Glas:* Grotesk wirkt dieser leidenschaftliche Ausbruch Jakobs, denn er nimmt sich ein Herz, um durch eine Glasscheibe zu küssen: ein sprachkräftiges Symbol für seine männlichen Insuffizienzgefühle. Die Glasscheibe als Trenn- und Scheidewand führt auf Schranke, Begrenzung, auf den Begriff der Grenze, auf die Fundamentalkategorie Grillparzers – hier in psychologischer Ausdeutung –, zurück (vgl. 16,34 den Kreidestrich in Jakobs Zimmer). Durch die Nachstellung (Epiphrase) von »durch das Glas« wird eine besondere Betonung erzielt. In Grillparzers Gedicht »Jugenderinnerungen im Grünen« (begonnen 1824) – es bezieht sich auf Kathi Fröhlich – lauten die Strophen 22 bis 25:

»In Glutumfassen stürzten wir zusammen,
Ein jeder Schlag gab Funken und gab Licht;
Doch unzerstörbar fanden uns die Flammen,
Wir glühten, aber ach, wir schmolzen nicht.

Denn *Hälften* kann man aneinanderpassen,
Ich war ein Ganzes und auch sie war ganz,
Sie wollte gern ihr tiefstes Wesen lassen,
Doch allzu fest geschlungen war der Kranz.

So standen beide, suchten sich zu einen,
Das andre aufzunehmen ganz in sich,
Doch all umsonst, trotz Ringen, Stürmen, Weinen,
Sie blieb ein Weib, und ich war immer ich.«

Grillparzer, »Gedichte«, S. 6.

»Das Motiv des Kusses durch eine Glasscheibe zuerst bei Arnim (›Hollin's Liebesleben‹, hrg. von Minor 1883 S. 41). Von da übernahm es Frau von Krüdener in ihrem sensationellen Roman ›Valérie ou lettres de Gustave de Lihar à Ernest de G.‹ von 1803, der schon im folgenden Jahre in mehrfachen deutschen Übersetzungen vorlag (eine soll von Dorothea Schlegel und Helmine von Chézy herrühren), von hier scheint Grillparzer das Motiv entlehnt zu haben« (HKA I,13,348). Zu ergänzen bleibt, daß Kafka in seiner Erzählung »Die Verwandlung« das Motiv in leichter Abtönung, aber in einem Grillparzer verwandten Sinne, wiederaufgenommen hat.

42,28 *Nu, was sich neckt –:* das liebt sich. Dieses Sprichwort wird auch fortgesetzt: und was sich liebt, das schlägt sich. Eines Sprichwortes bedient sich der Griesler ebenfalls in 42,29 f.

42,29 *Bärbe:* als Kosewort. »Die Wiener Koseform von Barbara heißt aber Betty, Wetti oder Wettl. ›Bärbe‹ mag Grillparzer als gröber und plumper willkommen gewesen sein« (HKA I,13,348).

42,35 f. *Glückstag meines Lebens:* vgl. Anm. zu 23,8 f.

43,3 f. *Ich wußte nicht ... stand:* ebenso 50,7 f.

43,8 *Arbeit:* Bei seinen Besuchen in dem Grieslergewölbe trifft Jakob, der Hofratssohn und Erbe eines ziemlichen Vermögens, Barbara immer bei einer Arbeit an, wie er sie zuerst auch in der Kanzlei bei ihrer Tätigkeit, dem Kuchenverkauf, kennengelernt hatte.

43,11 *Der Alte wollte hinausgehen:* Der Griesler will den Raum verlassen, um den beiden eine Aussprache unter vier Augen zu ermöglichen, die nach seinem Sinne zu einer Heirat führen soll.

43,12 *abgetan:* erledigt.

43,13 *Er trat ... auf den Boden:* vgl. Anm. zu 47,2 f.

43,14 *Ab- und zugehend:* auf- und abgehend in seinem Laden.

43,17 f. *Sie hatte sich ... geritzt:* Barbaras Unvorsichtigkeit, die zu einer Verletzung führte, kann auf eine geheime Nervosität zurückgeführt werden, immerhin wird sie gleich mit Jakob über ihre gemeinsame Zukunft sprechen. Sie ist verletzlich trotz ihrer Stärke und Bestimmtheit; dieser Zug ergänzt ihr bisher feststehendes Charakterbild, das vorwiegend auf Derbheit und Unempfindlichkeit schließen ließ. Da ihre Rede dem Spielmann gegenüber zuweilen sarkastisch anmutet (Sarkasmus ist ein ›ins Fleisch schneidender‹ Hohn oder Spott; nach griech. σάρξ ›Fleisch‹), könnte dadurch ihre Rede in einem passenden Bild, in einem bezeichnenden Vorgang von Grillparzer bewertet und gedeutet worden sein. Das Ritzen ließe sich dann allerdings – bezogen auf ihre Rede – als ein milder Sarkasmus verstehen.

43,18 f. *schlenkerte:* vgl. 39,31 f.

43,20 *bedeutete mich:* hieß mich.

43,20 f. *Alfanzerei:* bedeutet so viel wie ›Dummheit, Albernheit‹. »Der Griesler nennt wohl alles, was, statt zum

Ziele zu führen, davon ableitet, eine Alfanzerei« (HKA I,13,348).

43,29 f. *maß mich ... zur Zehe:* ähnlich schon 28,15 f.

43,33 *gewöhnt:* Es zeichnet sich dadurch schon ein prosaisches Alltagsverhältnis ab, so daß von Barbara kein persönliches Bekenntnis einer Zuneigung zu erwarten ist.

43,34 *ehrliches Gemüt:* vgl. 46,14 f.

43,35 *schwach:* vgl. 49,15.

Nebendinge: Musik.

44,4 *versitzen:* i. S. von ›verbummeln‹. Vgl. das Verliegen des Erec in Hartmann von Aues gleichnamigem Artus-Roman; im höfischen Kontext thematisiert.

44,5 *zählen und wägen:* Assonanz.

messen und markten: Alliteration.

44,11 *vom Breiten:* vom Kapital.

44,14 *bei derlei Dingen:* bei Geschäften mit Früchten und Knoppern (vgl. 37,29 f.).

44,18 f. *ehrlich meint:* vgl. 38,9 f.

44,21 f. *Augen ... himmelblau:* Augensymbolik! – *ins Graulichte:* ins Graue.

44,24 f. *Schenkladen aufzurichten:* entweder einen Laden zum Kleinverkauf von Getränken oder – was wahrscheinlicher ist – eine Gastwirtschaft eröffnen (Schenk = Wirt).

44,27 *Königin:* Grillparzer schreibt in der »Selbstbiographie« über Goethe: »Er sah halb wie ein König aus« (HKA I,16,198). 1826 kam es in Weimar zu einer Begegnung zwischen Goethe und Grillparzer; einer Einladung Goethes zu einem Gespräch unter vier Augen ist Grillparzer ausgewichen.

45,1 *Putzladen:* Putz: Schmuck, Zierat. Barbara will Putzmacherin (Hutmacherin) werden, ein damals typischer Beruf für Mädchen der unteren Stände.

45,6 *noch weiter ergäbe:* eventuell eine Heirat.

45,8 *weibischen Männer:* vgl. 39,27. Grillparzer warf sich selbst »Unmännlichkeit des Charakters« vor (HKA I,16,200). In seinem Gedicht »Willst du, ich soll Hütten baun?« (1834) lauten die beiden Schlußverse: »Wenn ich erst mein selber bin, / Bin ich auch wohl dein« (Grillparzer, »Gedichte«, S. 42).

45,9–11 *Ich war aufgesprungen ... Was denn?* dramatischer Stil.

45,20 *Musizieren ... Notwendigkeit:* wieder der Gegensatz von Musik und (Lebens-)Notwendigkeit.

45,22 *selbst vorzustehen:* wie 44,1.

45,25 *zitterte:* anknüpfend an 32,11 und 37,8.

45,27 *gestand:* Der Spielmann fühlt sich schuldig, denn er legt seine Antwort als Geständnis aus.

45,29 *vieles:* adjektivisch.

45,33–46,2 *Es war ... nennen zu können:* Statt Antworten auf Barbaras Fragen zu geben, werden die Tatsachen genannt.

46,13–15 *Aber das war ... redliches Gemüt:* Barbara schwankte in ihren Empfindungen zwischen Mitleid und Verachtung für Jakob, wie aus der Rede ihres Vaters deutlich wird.

46,19 *Almosen:* »Das zu dem gesagt, dem nichts so peinlich ist als das Wort Almosen, der noch später in bitterster Armut, weil er kein Bettler sein will, für gebührenden Lohn hält, was ihm vom Mitleid der andern als Almosen gereicht wird« (HKA I,13,349).

46,25 *das ist ein Mann:* was heißt, daß der Spielmann keiner ist.

Grütz' im Kopfe: ist gescheit; der Griesler meint damit jedoch eher schlau oder *pfiffig* (46,31), wie die folgende Erläuterung von Ehrlichkeit beweist: Ehrlich ist nicht vor allem der, der niemanden betrügt, sondern der, der sich nicht betrügen läßt.

46,30 *Narr:* Der betrügerische Sekretär steht in den Augen des Grieslers höher als Jakob; er bewundert dessen gerissene Pfiffigkeit.

47,2 f. *sie stieß ... auf den Boden:* wie ihr Vater (43,13). »Sie muß ihm recht geben in der Behandlung, die er dem armen Menschen angedeihen läßt, so nahe es ihr geht« (HKA I,13,349).

47,8–14 *Ich wankte ... hinaufgegangen:* »Hier klingt wohl entfernt der Schluß von [Goethes] ›Werthers Leiden‹ nach, der Brief vom 12. Dezember und der Schluß des Berichts vom letzten Zusammensein Werthers mit Lotte« (HKA I,13,349).

47,14 *berichtigt:* in Ordnung.

47,21 *Handelsgericht:* wohl das niederösterreichische Merkantil- und Wechselgericht, damals mit seinem Sitz in der Wiener Herrengasse 61.

47,26 f. *Gesellschaftskontrakt:* Gesellschaftervertrag zwischen dem Sekretär und Jakob mit jeweiliger gesamtschuldnerischer Haftung.

47,28 *auf meine Person greifen:* mich in Schuldhaft bringen. ›Greifen auf‹ ist »namentlich im Bayrischen ein fester Rechtsausdruck, doch kommen in den Belegen dazu immer nur sachliche, nicht persönliche Objekte vor« (HKA I,13,349).

47,28 f. *gaben es nicht zu:* ließen es nicht zu.

48,2 f. *das Meinige zu Rate gehalten:* i. S. von ›mein Erbe vernünftig verwandt‹.

48,4 *sie wohl gar–:* eine Aposiopese; Jakob denkt an eine mögliche Heirat.

48,6 *dürftige Gestalt:* ähnlich in der »Selbstbiographie« (HKA I,16,88) und im Tagebuch (26. 8. 1831, HKA II,9,39; 13. 4. 1833, HKA II,9,127).

48,14–22 *Da raschelte ... seufzte tief:* Das plötzliche, geräuschvolle Auftreten Barbaras im *Zwielicht* (48,10) erinnert an die geisterhafte Ahnfrau (*Gespenst*, 48,17 f.) in Grillparzers erstem, gleichnamigen Schauspiel. Das Rascheln, die Bewegung und das Seufzen gemahnen ebenso an Kleists Erzählung »Das Bettelweib von Locarno«. – Rascheln: vgl. 37,36.

48,22 *Schrank:* eher eine Kommode. Der Kleiderschrank heißt österreichisch meist ›Kasten‹. Vgl. *Schublade* (48,26/32/35), dann wichtig in 56,25.

48,25 *sie hatte ... Wäsche besorgt:* Entsprechend hatte Kathi Fröhlich Grillparzers Wäsche besorgt.

48,28 *Ordnung:* wie vorher der Spielmann in der Musik und in seinem Zimmer.

48,36 *fing laut an zu weinen:* entsprechend 49,24 f.; 56,34 ff.

49,1 *schlimm:* schlecht.

49,6 *die sie ... ließ:* dagegen 30,4 ff.

49,11 *Sie haben es selbst gewollt:* Dieser Satz unterstellt, der Spielmann habe vorsätzlich das Ende ihrer Beziehungen herbeigeführt. Dennoch geschah es eher unbewußt und war auf seine Unbeholfenheit zurückzuführen. Vielleicht soll angedeutet werden, daß sich dadurch doch sein eigentlicher Wunsch erfüllt, nämlich ungebunden zu bleiben (vgl. hierzu auch 50,35 ff.). Entsprechend 49,20: »Ist's doch Ihr Werk.«

49,21 *groben Leute:* als Gattin des Fleischhauers.

49,31 f. *Kreuzeszeichen:* Barbaras Segen korrespondiert mit 51,11 und 56,16: Barbara bewahrt neben dem Kruzifix die Violine Jakobs als Erinnerungszeichen auf. Zum Motiv des (Jakob-)Segens s. Anm. zu 51,11.

49,32 *Gott mit dir, Jakob!:* zum erstenmal das »Du« (50,3 wieder »Sie«) und das einzige Mal, daß der Spielmann mit seinem Namen angesprochen wird. Aus der biblischen Stammvaterschaft Jakobs wird in Grillparzers Erzählung eine künstlerische: Jakob, der Stammvater der Kunst.

50,5 *harte Tage:* wie 49,30 von Barbara prophezeit wurde.

50,11 *blickte ich ... in den Laden:* wie schon 32,1.

50,14 *an sich gekauft:* gekauft.

50,16 f. *Langenlebarn:* Ort unterhalb Tulln an der Donau.

50,26 *an allem übrigen:* vor allem an Jakob.

50,32 f. *zur Seite schoben:* wie 9,10 f. auf dem Brigittenfest.

51,5 f. *selige Empfindung:* statt sich als den *unglücklichsten aller Menschen* (50,36 f.) zu fühlen. Jakob scheint also doch Barbara losgelassen zu haben, damit sie nicht an seiner herd- und heimatlosen Existenz teilzunehmen braucht: Opposition einer gesicherten bürgerlichen und einer labilen künstlerischen Existenz. – Grillparzers Gedicht »Entsagung« (1836) entstand nach der Trennung von Heloise

Hoechner. Ihr hatte Grillparzer nahegelegt, einen anderen zu heiraten, was sie denn auch tat. Insofern sind die Handlung der Erzählung und die Trennung von Heloise eng verwandt. Das Gedicht bezieht sich auf diesen autobiographischen Umstand und kann zugleich als Kommentar für die Erzählung dienen. Davon die erste und die letzte (fünfte) Strophe:

»Eins ist, was altergraue Zeiten lehren
Und lehrt die Sonne, die erst heut getagt:
Des Menschen ew'ges Los, es heißt: Entbehren,
Und kein Besitz, als den du dir versagt.

[...]

Nur was du abweist, kann dir wieder kommen.
Was du verschmähst, naht ewig schmeichelnd sich,
Und in dem Abschied, vom Besitz genommen,
Erhältst du dir das einzig deine: Dich!«

Grillparzer, »Gedichte«, S. 52.

51,11 *segnete:* Der Segen Jakobs (1. Mose 48) galt Ephraim und Manasse. Jakob zeichnete den spätergeborenen Ephraim dadurch aus, daß er ihn mit der rechten Hand segnete (was eigentlich dem älteren oder erstgeborenen Sohn zukommt und von Joseph, dem Vater beider und Sohn Jakobs, mit Einspruch belegt wird). Dieser Vorgang, bei dem Jakob die segnenden Hände überkreuzte, wurde mit der Kreuzigung Christi typologisch verbunden. »Für das allegorische Bilddenken des Mittelalters rücken Segen Jakobs und Kreuzigung Christi als Typus und Antitypus zusammen« (Herbert von Einem, »Rembrandt – Der Segen Jakobs«, Stuttgart 1965, S. 8). Der Segen Jakobs begründete eine lange ikonographische Tradition. Vor allem sei auf Rembrandts »Der Segen Jakobs« (Staatliche Kunstsammlungen, Kassel) verwiesen. In Grillparzers Erzählung wird nicht der biblische Bericht novellistisch adaptiert, sondern der typologische Gehalt auf die musikalische Existenz Jakobs übertragen. Er segnet, und er trägt das Kreuz der Kunst (Künstlerpassion), was symbolisch am Schluß der Erzählung, durch das Arrangement von Kruzifix und Violine, zum Ausdruck kommt.

51,12 *herabkam:* vgl. Anm. zu 11,14–19.

51,20 *Gastgebot ... Mietfrau:* Jakob spielt vor einer Versammlung geladener Gäste seiner Vermieterin.

51,21–30 *Als aber ... beschämte mich nicht:* Stufen seines Niederganges bis zum Straßenmusikanten.

52,2 f. *Geld verdient:* im Gegensatz zu Jakob.

52,5–10 *das älteste ... Talent:* Barbaras Sohn, Jakob, hat noch eines gemeinsam mit seinem Lehrer und Namensvetter, dem Spielmann: wenig Talent zur Musik (52,10). In Storms Novelle »Der stille Musikant« wird die Fortsetzung einer musikalischen Existenz durch ein Kind (und dessen musikalische Entwicklung) breiter ausgeführt. Storm scheint direkt an diese Episode der »Spielmann«-Erzählung Grillparzers angeknüpft zu haben. – Es sei daran erinnert, daß Talentlosigkeit beim Spielmann für sein Kunstideal, die absolute Musik, unwesentlich bleibt.

52,18 *so hübsch wie damals:* Hier endet der Ich-Bericht Jakobs; er schließt ihn ab mit dem Spiel von Barbaras Lied. Das Lied verbindet den Schluß des Berichts mit der schon – seit dem Musizieren auf dem Brigittenfest am Beginn der Erzählung – bekannten Spielweise Jakobs: seiner künstlerischen Selbstverzückung, seinem musikalischen Beharren auf einer Tonfolge – weshalb der Erzähler nach einiger Zeit es auch *satt* (52,21) hat.

52,25 *Reise:* Zäsur in der Erzählung. Vielleicht auf Grillparzers ›Deutschland‹-Reise von 1826 (21. August – Mitte Oktober) oder seine Reise nach Konstantinopel und Griechenland 1843 (27. August – 13. Oktober) zu beziehen. Eine ähnliche Zäsur auch in Storms Novelle.

52,29–31 *Eisganges ... Überschwemmung:* in der Nacht vom 28. Februar auf den 1. März 1830; 74 Personen – darunter 11 Kinder – fanden den Tod.

Eine Schilderung der Ereignisse, die das Schlußgeschehen

der Erzählung bestimmen, gibt Franz Sartori, »Wiens Tage der Gefahr und Retter aus der Noth«, Wien 1830, Bd. 1, S. 56 f., 89 und 91: »– – – Die meisten Todesfälle ergaben sich in jenen Gässen der Roßau und Leopoldstadt, die dem Andrange der Fluten vorzüglich ausgesetzt waren. Viele Bewohner dieser Gässen hausen gewöhnlich in kleinen ebenerdigen Gemächern, die mit eisernen Fenstergittern wohl verwahrt sind. Bei der Schnelligkeit des Wasserandranges, bei der gleichzeitigen Verbreitung der Fluten konnte es nicht fehlen, daß in diese Quartiere das Wasser, welches in Zeit von 2–3 Minuten auf 5 Schuh wuchs, bald so hoch stieg, daß es die ebenerdigen Gelasse überfüllte. Die Bewohner selbst hatten schon einige Tage früher auf Veranlassung der Behörden gewacht, am 28. Februar war [. . .] Sonntag; reine Luft und wiederkehrende Sonnenwärme hatten einen großen Teil der Menschen ins Freie gelockt, gegen Abend verbreitete sich auf Privatwegen die Sage, das Wasser sei gefallen, zwei Ursachen, die Viele beruhigten und zu dem Entschlusse brachten, sich zu Bette zu begeben. Die Lebensart vieler Bewohner der überschwemmten Vorstädte knüpft an ihr Dasein harte Arbeit, sie legen sich auch deshalb früh nieder und genießen eines starken Schlafes, aus dem sie nur schwer erweckt werden. Alle die Bewohner dieser Gegenden waren aber nicht allein mit der Gefahr bekannt, sondern vielfach gewarnt und von den Behörden oft aufmerksam gemacht, [. . .] allen ebenerdigen Parteien wurden Unterkünfte für die Zeit der Überschwemmung in den oberen Stockwerken angewiesen, die Parteien wurden verzeichnet und ihnen eingesagt, daß sie im Falle einer Wassergefahr sich sogleich in die oberen Stockwerke begeben sollen, und außer den Behörden überzeugten sich auch Privatpersonen: Wirthe, Greisler, Bäkker u. s. w. schon früh von dem Steigen der Donau und warnten ihre befreundeten Nachbarsleute und Kunden. Schüsse von Nußdorf aus verkündeten, daß der Stoß gehe und daß Gefahr vorhanden sei, das Geläute der Glocken, der Allarm der weckenden Polizei-Individuen, das Geschrei der Schiffleute, Alles trug dazu bei, die Schläfer aufzuwecken. Dennoch, wer sollte es glauben, waren Viele so halsstarrig, trotz aller Aufforderungen und Warnungen, ihre Wohnungen nicht eher verlassen zu wollen, bis sie nicht mehr heraus konnten, andere wollten nicht von ihren Habseligkeiten weg, noch andere versäumten die günstige Gelegenheit, indem sie sich erst vollständig ankleiden wollten. Einen einfachen Beweis der bisher unerreichten Überschwemmung war die Antwort Mancher auf die an selbe ergangenen Warnungen: nie sei das Wasser so hoch gestiegen, daß es ihre Wohnungen erreicht habe, sie seien vollkommen sicher, während in wenigen Minuten nicht mehr in ihre Wohnungen hinein zu kommen war und diese bis an die Decke mit Wasser ausgefüllt wurden. Viele Parteien wollten nicht aus ihren Wohnungen, weil sie nichts zu befürchten glaubten, indem sie schon drei Überschwemmungen dort erlebt hätten, oder 38 Jahre dort wohnten, ohne Wasser in ihrem Zimmer gehabt zu haben. Einige sperrten sogar die Wohnungsthüren zu, vermeinend, nun könne kein Wasser hineindringen, später ging die Thüre nicht mehr auf und sie fanden den Tod.«

Bei den Rettungsarbeiten hat sich Franz Leibenfrost besonders hervorgetan und ausgezeichnet; Sartori widmet ihm einige Seiten in seinem Buch. Dieser Franz Leibenfrost war der Wirt vom Gasthaus »Zum Jägerhorn«, in dem Grillparzer häufig verkehrte und von dem er sicherlich Einzelheiten über das Geschehen erfuhr (vgl. Kap. II,1).

Einen Einfluß auf den Schlußteil des »Armen Spielmanns« hatte vermutlich auch eine Erzählung von Carl M. Böhm: »Wahrheit und Lüge. Nach einer wahren Begebenheit aus der Zeit der Überschwemmung Wiens durch die Donau im Jahre 1830«, in: »Wiener Zeitschrift« 1840, Nr. 70/71 vom 2. und 4. Mai. Der Einstieg dieser literarisch unbedeutenden Erzählung geschieht mit der Schilderung des Unglücks, der Not und der gegenseitigen Hilfsbereitschaft der Menschen. Der Erzähler erinnert sich seines Jugendfreundes Johannes, der in der Leopoldstadt in ärmlichen Ver-

Überschwemmung am 2. März 1830
Kolorierter Stich von Eduard Gurk

hältnissen lebt; ihn hat er schon verschiedentlich aus der Armut befreien wollen. Armut und Heiterkeit, unbedingter Wahrheitswille, Versagen im bürgerlichen Sinne: dies sind die Merkmale des Johannes. Noch andere Details stimmen mit Grillparzers Erzählung überein: die Reise des Erzählers, die Suche nach dem Unglücklichen in dem überschwemmten Gebiet, dessen Wohnung in einem Dachstübchen, sein ärmliches Äußeres. Johannes kommt jedoch nicht bei der Überschwemmung um, sondern bei der kurz darauf einsetzenden Cholera-Epidemie. Sein Ende wird ebenfalls verklärt, indem die Erzählung schließt: »[...] aber die Engel des Himmels werden dir jetzt das Visier öffnen – du wirst sie anlächeln wie ein alter Freund, und sie werden dich erkennen als einen alten Freund. Sie werden dich einführen in den Saal, wo die Wahrheit wohnt, und du wirst in ihrem Anschauen vergehen – und leben! –« (vgl. HKA I,13,322 ff.).

Der Weg in die verwüstete Leopoldstadt gleicht einer »Totenfahrt« (Politzer, S. 54), dem Eintritt in das Totenreich. Vgl. hierzu den 5. Akt der »Jüdin von Toledo«, in dem uns ebenfalls ein Totenreich – angedeutet durch Zerstörung, Tod, Schatten, Todeswachen, Nacht usw. – vor Augen geführt wird.

53,6 *Wasser verlaufen:* Am 3. und 4. März floß das Wasser langsam ab, und am 5. März waren die Verkehrswege wieder frei.

53,9 *Kollekte:* Eine nach dem Unglück in der Wiener Bevölkerung veranstaltete Sammlung für die Verunglückten hatte bis August 1830 rund 350000 Gulden eingebracht.

53,22 *die –:* Der Erzähler verstummt angesichts des Schreckens; ein elliptischer Satz, Aposiopese.

53,26 f. *suchende Mütter und irregehende Kinder:* vgl. Schillers »Lied von der Glocke«: »Kinder jammern, Mütter irren« (V. 188).

53,32: *Anstalten:* Handlungen, Vorgänge, Vorbereitungen.

54,4 *Gärtnerin:* die dritte Erzählerperson; die erste Begegnung mit dem Erzähler: 16,18 f.

Überschwemmung in Leopoldau am Morgen des 4. März 1830. Aquarell von Eduard Gurk

54,7 *unser:* signalisiert ein mehrdeutiges Einverständnis.

54,8–21 *der musiziert ... alles treulich:* Der Spielmann erscheint als Heiliger; seine Aktion zur Rettung des Geldes und der Steuerbücher läßt ihn dagegen als Narren erkennen: der »Spielmann Gottes« (Politzer) als Heiliger und Narr.

54,10 *seiner:* Genusverschiebung auf das natürliche Geschlecht.

54,11–14 *Als aber das Wasser ... Schmiedegebläs:* Jakobs unmilitärisches Heldentum (vgl. 22,14 ff.).

54,17–21 *die paar Gulden ... treulich:* Geld, das in seinem Leben doch keine Rolle gespielt hatte, wird ihm zum Verhängnis.

54,20 f. *brachte alles treulich:* »im Ausdruck schwebt das Bild eines treuen Hundes« (HKA I,13,350).

54,21 *verkältet:* auch ›Verkältung‹ mehrfach bei Grillparzer statt ›erkältet‹ oder ›Erkältung‹. Österreichisch sagt man fast ausschließlich ›verkühlen‹, ›Verkühlung‹, schreibt dagegen oft ›erkälten‹, ›Erkältung‹. »Grillparzer hat, im Bestreben, einen Dialektausdruck zu meiden, eine Kontaminationsbildung geboten« (HKA I,13,350).

54,23 *griff er in die Phantasie:* wie in die Saiten seines Instrumentes; wiederum ein Phantasieren!

54,26 *mit der Stimme:* bisher für Barbara kennzeichnend, denn Jakob hat *von Natur keine Stimme* (24,6).

54,29 *Bader:* Barbier, Heilgehilfe.

54,31–33 *Entfernung etwas gar Schönes ... und war tot:* Jakob vernahm Himmelsmusik, den absoluten Ton, den »fernen Klang« der Romantiker. Vgl. »Ein Bruderzwist in Habsburg« V. 2418 ff. Jakob überkommt eine Heiterkeit angesichts des Todes; den absoluten Ton hörend, erlebt er musikalische Vollendung. Verwandt mit August von Platens »Tristan«: »Wer die Schönheit angeschaut mit Augen, / Ist dem Tode schon anheimgegeben, / Wird für keinen Dienst der Erde taugen« (V. 1–3). Ebenso mit Thomas Manns »Tod in Venedig«. Tod und Vollendung werden im späten 19. Jh. in der literarischen Décadence als Tod und

Schönheit häufig thematisiert. – Vielleicht auch eine Reminiszenz an das Klärchen-Motiv in Goethes »Egmont«.

54,34 *Die Madame:* Der Gebrauch des Artikels kennzeichnet den Ausdruck als volkssprachlich.

55,6 f. *Kattunüberrocke:* Kattun: Baumwollstoff.

55,15 *glättete sorgfältig:* Ordnungsmotiv wie 55,31. Zeigt Barbaras Ähnlichkeit mit Jakob in der Ordnungsliebe, zugleich empfunden als letzten Dienst.

55,17 *führte mich vor:* stellte mich vor; ähnliche Form in Goethes »Wahlverwandtschaften«.

55,24 f. *Unmittelbar nach ... Kinder des Fleischers:* Die Kinder gehen hinter dem Sarge, als ob sie ihren eigenen Vater begrüben; entsprechend auch 55,35 f. Beachtung verdient hierbei, daß in der ausgeräumten Dachstube bei dem Sarge nur Barbara und die Kinder angetroffen werden.

55,27 *als in Andacht:* wie in Andacht, in Andachtshaltung.

55,34 *Friedhof:* vermutlich der Leopoldstädter Friedhof bei St. Marx.

56,4 *Wortwechsel:* vgl. 6,9. Barbara feilscht, dagegen 56,22 f.

56,8 *Sonntag:* wenn das Datum der Überschwemmung zugrunde gelegt wird: der 7. März 1830. Die Geschichte beginnt und endet an einem Sonntag.

56,9 *psychologischen Neugierde:* ähnlich wie 8,32 f. (*anthropologischen Heißhunger*) und 9,6 f.

56,11 f. *Andenken:* Geige als Andenken – wie die Erzählung selbst dem Andenken der idealen Kunst gilt. *Andenken* ist der wesentliche Gesichtspunkt für die Interpretation der Erzählung (vgl. Nachwort zum »Armen Spielmann«).

56,14–16 *Geige ... Symmetrie ... Spiegel ... Kruzifix:* Es ist eine Anordnung beabsichtigt, die Geige und Kruzifix so um den Spiegel konzentriert, daß die beiden Gegenstände durch Symmetrie und Spiegelung als austauschbar, also als identische Symbole, aufzufassen sind: beide stehen für Passion, für den Leidensweg Christi und die Leidensgeschichte des armen Spielmanns als Künstler. Beide Passionen lassen sich gewissermaßen ineinanderspiegeln, wodurch der Lebensweg des Spielmanns einen exemplarischen, künstlerisch-religiösen Gehalt repräsentiert: Jakob als gesellschaftlicher und künstlerischer Außenseiter lebte eine neue Form von Menschen- und Künstlertum vor. Schon vorbereitet durch die Kreuzung (!) des Menschen- und Donaustromes 3,25 ff.

56,18 f. *schien der Mann ... Geschäft zu machen:* wie Barbaras Vater, der Griesler.

56,21 *unserem Jakob:* wie *unser armer Alter* (54,7 f.). Verschiedenes kann damit gemeint sein: Jakob, dem Spielmann; dem Sohn (der Barbara) Jakob; dem Jakob, den nur Barbara und der Erzähler kennen, oder dem Retter der Kinder, den auch die Gärtnerin als den Unsrigen bezeichnen kann.

56,28–36 *Da nun ... die Backen:* Zur Interpretation der drei letzten Sätze der Erzählung vgl. Politzer (Kap. III,1). Der Tränenstrom korrespondiert mit dem Menschen- und Donaustrom zu Beginn der Erzählung. Zum Verlieren und Entbehren heißt es in der »Ahnfrau«: »O es heißt, es heißt verlieren, / Und des Unheils ganzes Reich / Kennt kein Schrecken deinem gleich / Weh! Besitzen und verlieren! / Besitzen und verlieren! –« (V. 1529 ff.). »Sappho«: »Ich hab gelernt verlieren und entbehren« (V. 113). Das Tränen-Motiv verweist schließlich auf den Persephone-Mythos, auf das Todesthema. Die HKA (I,13,351) nennt Parallelen in Heinrich von Kleists und August Lafontaines Werken.

II. Realien zum »Armen Spielmann«

1. Entstehungsgeschichte der Erzählung

Die Erzählung geht auf reale Begebenheiten, auf ein »eigenes Erlebnis« zurück – so Grillparzer rückblickend in einem Brief (19. 12. 1847?) an den Herausgeber der »Iris«, Gustav Heckenast –, worüber er selbst in einem Gespräch mit dem Schriftsteller L. A. Frankl berichtet. Auf dessen Frage, wie er an diesen Stoff gekommen sei, antwortet Grillparzer:

»Ganz zufällig! Ich speiste viele Jahre hindurch im Gasthause ›zum Jägerhorn‹ in der Spiegelgasse. Da kam häufig ein armer Geiger und spielte auf. Er zeichnete sich durch eine auffällige Sauberkeit seines ärmlichen Anzuges aus und wirkte durch seine unbeholfenen Bewegungen rührend komisch. Wenn man ihn beschenkte, dankte er jedesmal mit irgend einer kurzen lateinischen Phrase, was auf eine genossene Schulbildung und auf einstige bessere Verhältnisse des greisen Mannes schließen ließ. Plötzlich kam er nicht mehr und so eine lange Zeit nicht. Da kam die große Überschwemmung im Jahre 1830. Am meisten litt die Brigittenau, wo ein berühmter Kirchtag, ein lustiges Volksfest, jeden Sommer gefeiert wurde. Ich wußte, daß der arme Geiger dort wohnte, und da er nicht mehr aufspielen kam, so glaubte ich, daß auch er unter den Menschenopfern in der Brigittenau seinen Tod gefunden habe. Ich wurde eingeladen, für ein Taschenbuch eine Novelle zu schreiben, und so versuchte ich eine solche, in welcher mein armer, guter Bekannter als Held figuriert.«

HKA I,13,308.

In dieser Darstellung sind einige Ungereimtheiten, auf die Reinhold Backmann, der Herausgeber von HKA I,13, in seinen Anmerkungen zum Text (S. 308 ff.) schon aufmerksam gemacht hat. So lag das Gasthaus »Zum Jägerhorn« – von dem Grillparzer auch in seiner »Selbstbiographie« spricht –

nicht in der Spiegelgasse, sondern – schon vor 1700 – in der Dorotheergasse. Nicht die Brigittenau – sie war kaum besiedelt –, sondern die Leopoldstadt (in der ja auch der arme Spielmann der Erzählung wohnt) wurde von der Überschwemmung 1830 besonders betroffen; in der Brigittenau wurden zwei, in der Leopoldstadt siebenundvierzig Tote beklagt (vgl. den abgedruckten Bericht in Kap. I, Anm. zu 53,3). Der Hinweis auf die Einladung, für ein Taschenbuch einen Beitrag zu liefern, kann nicht auf die »Iris« bezogen werden, da Grillparzer bereits 1831 (s. S. 95) mit der Niederschrift der Erzählung begonnen hatte (vielleicht auf die »Aglaja« oder »Vesta«[1]). BACKMANN kommt deshalb zu einer anderen Rekonstruktion der Begegnung, als es die Gesprächsnotiz nahelegt: Grillparzer und der »arme Geiger« haben sich bereits bei der Kirchweihe in der Brigittenau kennengelernt (nicht im Gasthof), und Grillparzer hat diesen im »Jägerhorn« erst eingeführt, da dessen Wirt (Franz Leibenfrost) als besonders wohltätig bekannt war (er speiste zu jener Zeit allein 80 Arme). Erst *nach* der Überschwemmung ist dann wohl der Spielmann dort ausgeblieben und hat den Dichter zu der Annahme veranlaßt, er sei bei der Naturkatastrophe ums Leben gekommen. Dies sind jedoch nur Vermutungen; sie vermögen aber den Zusammenhang von Biographie, brieflichen Zeugnissen, realem Geschehen und Entstehung der Erzählung plausibler zu erklären.

»Vielleicht ist das Bild von Waldmüller ›Der alte Geiger‹ von 1828 (Ferdinand Georg Waldmüller, Sein Leben, sein Werk und seine Schriften, hg. v. A. Roessler und G. Pisko. Wien [1907]. Bd. I 33) von demselben alten Geiger inspiriert, den Gr. gekannt hat, und wir hätten darin ein Abbild unseres Spielmanns, wie in der vor ihm stehenden Mutter mit den beiden Kindern mit Anspielung auf dessen Lebensgeschichte vielleicht Grs Barbara zu erblicken wäre. Sie hält die Hand des kleinen Kindes, das sie auf dem Arm trägt, wie wenn sie

1 Ebenfalls – wie die »Iris« – in Wien erscheinende Taschenbuch-Almanache; in der »Aglaja für das Jahr 1828« ist Grillparzers Erzählung »Das Kloster bei Sendomir« erschienen.

mit ihm tanzen wollte, das andere größere Kind schmiegt sich scheu an ihr Kleid. Es ist kein Knabe, sondern ein Mädchen. Der Geiger, der in einem langen Überrock auf der Bank vor einem Häuschen sitzt, sieht beim Spiel zur Mutter hinüber. Vor ihm steht ein sehr niedriger Tisch mit einem Krug und einem halben Brotlaib darauf, auf des Alten sehr bescheidenes Leben deutend.

Mit Unrecht [...] hat man noch nach anderen Modellen für den armen Spielmann gesucht. H. Lorm weist auf Franz Schubert hin, der am 19. November 1828 in Wien in dürftigen Verhältnissen gestorben war. [...] Eine andere Überlieferung nennt den unglücklichen Komponisten des ›Donauweibchens‹ von Karl Friedrich Hensler, den Musiker Ferdinand Kauer, der als alter Mann in mißliche Verhältnisse geraten war und als Bratschist am Leopoldstädter Theater eine Art Gnadenbrot aß. Bei der Überschwemmung rettete er nichts als das nackte Leben und hat dann noch bis 1831 aufs kümmerlichste sein Dasein gefristet. Wurzbach [...] gibt den 13. April 1831 als seinen Todestag an. Nur seine allerletzte Lebenszeit könnte allenfalls in Parallele zum armen Spielmann treten. Sollte sein Tod den letzten Anstoß zur Konzeption der Dichtung gegeben haben? Dann wäre der Beginn der Niederschrift etwa in die zweite Hälfte des April 1831 zu rücken.

Auf das Jahr 1831 werden wir noch durch den Wortlaut von Grs Erzählung selbst geführt. Vorausgesetzt, daß die Überschwemmung von 1830 von vornherein das Ziel war, auf das die Erzählung lossteuerte – und daran lassen uns die Andeutungen ganz im Anfang [...] nicht zweifeln – so ist die Hauptstelle, die in Frage kommt: [...] ›Auch vor zwei Jahren ...‹ Erfolgte die Bekanntschaft mit dem armen Spielmann wirklich im Sommer vor jenem Naturereignis, das in der Nacht vom 28. Februar auf den 1. März 1830 eintrat, auf dem Brigittenauer Kirchtag, und zwar am Festsonntag, also am 12. Juli, so kann diese Stelle nur 1831 niedergeschrieben sein«.

HKA I,13,309 f.

Aus den eben genannten Gründen, dann aus der Datierung des Brigittenfestes in der ursprünglichen Lesart der Erzählung (»In Wien ist der 24te Juli jedes Jahres«) – 1831 war am Sonntag, dem 24. 7., Vollmond –, den Anspielungen auf die Juli-Revolution von 1830 in Frankreich (*Aufruhr, die Zeichen bedenklich*, 3,16/32) und schließlich der Befund des Papieres (auf dem entsprechenden Halbbogen der Anfangspartie der Erzählung steht ein Gedicht, »Bei der Ankunft der Kaiserin Maria Anna«, das für den 26. Februar 1831 niedergeschrieben wurde, und zwar nach dem Erzähltext): dies läßt eine relativ sichere Datierung des Beginns der Niederschrift für *Mitte Februar 1831* festsetzen (vgl. dazu im einzelnen HKA I,13,309–314). Noch eine zweite Schreibphase läßt sich einigermaßen sicher ermitteln: der Text ab S. 34,24 bis zum Schluß ist in der Zeit zwischen 1842 und 1844 geschrieben worden. Vor allem der Hinweis auf die Kopieranstalt und das »Auskunfts-Comptoir« sind hierbei aufschlußreich (vgl. HKA I,13,311); dann der Umstand, daß 1842 in der Wiener Presse häufig auf den Niedergang des Brigittenfestes aufmerksam gemacht wurde. Dies könnte Grillparzer veranlaßt haben, seine Erzählung wiederaufzugreifen und fortzusetzen in der Absicht, seine Dichtung vermöge »dazu berufen sein, die Erinnerung daran [Brigittenfest] festzuhalten« (HKA I,13,312). Backmann verweist auch auf einige Brüche in der Darstellung, die sich aus der langjährigen Unterbrechung ergeben haben: z. B. wird die Lage des Grieslerladens verschieden beschrieben, das Schicksal der Brüder unterschiedlich dargestellt (vgl. HKA I,13,312 ff.).

Keinesfalls kann Backmann zugestimmt werden, wenn er die Ansicht vertritt, der Schluß der Erzählung sei gegenüber dem ursprünglichen Konzept geändert worden: »Ich bin überzeugt, daß in der langen Pause auch die ganze Anlage des Schlusses gegenüber den ursprünglichen Absichten, die wir freilich nicht kennen und wohl nur schwer aus dem Anfangsteile zu erschließen imstande wären, geändert worden ist« (HKA I,13,314). Die in dem mythologischen Exkurs (vgl. Kap. II,2) nachgezeichneten Linien (Alltag–Fest, Leben–

Tod) ergänzen sich thematisch, ergeben eine komplementäre Beziehung und sind vermutlich in dieser Absicht vom Autor gewählt worden.
Die abgeschlossene Erzählung wurde Ende 1846 dem Verleger der »Iris«, Gustav Heckenast, eingesandt und ist im Herbst 1847 in dessen Almanach auf das Jahr 1848 veröffentlicht worden.

2. Mythologische Motive der Erzählung

Grillparzer hat in seine Erzählung verschiedene Mythologeme aufgenommen, welche die tektonische Idee des Textes entscheidend beeinflußt haben; für die epischen Konfigurationen wird weitgehend aus dem Demeter-Persephone-Mythos zitiert. Da ist zunächst der Eingang zu dem Brigittenfest zu erwähnen, die *Propyläen* (7,11 f.). Bereits in einem Artikel des »Conversationsblattes« (Nr. 65 vom 15. 8. 1821) von Johann Langer wird dieser Festeingang so bezeichnet. Einige mythologische Vergleiche, die Bezugnahme auf mythologische Figuren, durch die die Festbesucher charakterisiert werden, finden sich ebenfalls schon bei Johann Langer (vgl. HKA I,13,325 f.).
Dieses Eingangstor kann auf dem Hintergrund der mythischen Verknüpfungen, die Grillparzer in seiner Erzählung andeutet, in mehrfacher Bedeutung aufgefaßt werden: Zunächst ein einfaches Tor, dann jedoch – durch die Bezeichnung *Propyläen* – auch als Eingang zu den (Eleusinischen) Mysterien; im Zusammenhang mit dem Demeter-Kult in Eleusis bedeutet es den Zugang zu einem Heiligtum (Telesterion), zu einem Kultort. Bezeichnenderweise wird die Volksmasse, wenn sie ihre Zwecke des Alltags vergißt und diesen Ort betritt, als »göttlich« (5,33 *das Göttliche*) angesprochen; sie »reinigt« sich von den pragmatischen Zwecken, und ihre Angehörigen (*Kinder*, 4,3) werden Teilnehmer eines religiösen, mythischen Geschehens (die Eingeweihten wurden »Mysten« genannt). Auf der Zufahrtsstraße zu dem Fest – vergleichbar der *Heiligen Straße* von Athen nach Eleusis – finden wir *Korbwagen* (4,1 f. und 4,26): »Willkommen, die das Brot uns gibt, das Korn uns gibt, Demeter. / Den Wagen mit dem Korbe ziehen vier blanke Schimmelstuten«, so Kallimachos in seinem Demeter-Hymnos. Der »fliegende« Wagen (4,27: den *Weg obenhin über diesen hinaus nehmen*) entspricht dem *geflügelten Wagen des*

Triptolemos; Triptolemos wurde von Demeter ausgesandt, um die Völker den Getreideanbau zu lehren, den Menschen Satzungen und Kultur zu bringen, dabei bediente er sich eines geflügelten Wagens. Die *Hierophanten* (4,2 f.) sind die Priester ihrer Weisheit und ihres Kultes. Als Fruchtbarkeitsgöttin, die das Erdenleben und das Menschenleben in analoger Weise ausdrückt (Säen und Ernten entspricht der Zeugung und Geburt), ist *Demeter*, die Mütterliche, eine *chthonische* Gottheit. Kennzeichnend für solche *Erdmutter-Mythen* sind »die polaren Funktionen des Sich-Schließens und Öffnens, des Bergens und Hervorbringens« (Altheim). In 4,5 f. wird deshalb von einer Menschenmasse gesprochen, die sich *öffnet* und *schließt* (vgl. hierzu auch: den »Erdgeist« und die »Mütter« in Goethes »Faust«). Demeter, die Segenbringende, weist mit der magna mater, dem Attis-Kybele-Kult und dem Adonis-Kult (vgl. das Adonis-Gärtchen) Gemeinsamkeiten auf: in all diesen Kulten geht es um die Fruchtbarkeit, das alljährliche Sterben und Wiedererwachen der Natur, um das Aufblühen und Verwelken, um den periodischen Zusammenhang von Leben und Tod. Demeter wurde auch mit der ägyptischen Isis in Verbindung gebracht, die ihren durch Set getöteten Bruder-Gemahl Osiris sucht – wie Demeter ihre von Hades geraubte Tochter Persephone; Isis und Demeter sind beide mütterliche Gottheiten; der Isis wurde ebenfalls durch eine *Prozession* gehuldigt. Grillparzer verweist selbst auf »Saturn«, auf das *saturnalische Fest* (3,15). Saturn, der seine Kinder verschlingt, gilt als eine – mythologische – Metapher der *Revolution*. Als alter Bauerngott hat er aber auch Gemeinsamkeiten mit Demeter: Fruchtbarkeit, Wachstum, Aussaat soll er beschützen. Demeter ist darüber hinaus auch Schutzmacht der Gerätschaften, der Wagen, Tennen, der Ackertiere usw.

In den Eleusinischen Mysterien, in denen die Wiederkehr von Demeters Tochter Persephone aus dem Hades und die Vereinigung der beiden Göttinnen gefeiert wurde – ein Fest des *Lebens* und des *Todes* und des *Wiedererwachens* –, wurde Demeter zur Gottheit des Lebens und der Unsterblichkeit, daher auch der *Seligkeit* (7,8). Sie hatte nämlich nach ihrer Aufnahme in Eleusis dem Sohn des Königs Keleos, Demophon, die *Unsterblichkeit* schenken wollen; sie nährte ihn mit Nektar und Ambrosia und hielt ihn zur Läuterung in das Feuer (vgl. Goethes »Wilhelm Meisters Lehrjahre«, 5. Buch), wurde jedoch von der erschreckten Mutter des Demophon an der Vollendung des Werkes gehindert. Durch diese Handlungen wie durch die Wiedervereinigung mit ihrer Tochter verband sich mit Demeter, der göttlichen Mutter, auch der Jenseitsglaube.

Im Frühjahr fanden die Kleinen Mysterien statt (»Aufgang der Persephone«), im Herbst die Großen Mysterien (»Raub der Persephone«). Die »Thesmophorien« wurden nur von verheirateten Frauen gefeiert, sie galten den Satzungen des menschlichen, besonders des ehelichen Lebens.
Demeter hatte Keleos veranlaßt, den Kult zu stiften, der für die Teilnehmer an eine besondere Einweihung und Aufnahme – mit strenger Schweigepflicht (Geheimkult!) – gebunden war. In den Gottesdiensten (Orgien) wurden den Mysten wahrscheinlich die Attribute der Fruchtbarkeit gezeigt.
Eine wichtige Rolle bei diesem Kult spielten die *Heiligen Gesänge*. Da die Sänger und Musiker als Diener des Dionysos galten, zeigt sich hier die enge Verbindung zu dem Dionysos-Kult und zur Orphik. Über die *politisch-bürgerliche* Bedeutung des Festes: vgl. das »Bürgerlied« von Schiller: »Das Eleusische Fest« (1798).
Die *Überlieferungsform* dieses Kultes ist im wesentlichen *ästhetisch*, berechnet auf die Sinne und die Einbildungskraft (Zeigen der Heiligtümer, Bilder, Hl. Gesang).
Neben der Bezeichnung eines *Einganges* meinen die Propyläen auch den *Übergang* vom Alltag zum Fest und den vom Leben zum Tod. Der Übergang vom Reich der Lebenden zum Totenreich (Hades) wird durch den Demeter-Persephone-Mythos nahegelegt. Die Tochter der Demeter, Persephone (lat. Proserpina), ist die Gattin des Unterweltgottes Hades und als solche Herrscherin im Totenreich. Die Berücksichtigung dieses Bezuges scheint auch die Gesamtanlage der Erzählung nahezulegen, denn an ihrem Ende, nach der Überschwemmung, betritt der Erzähler tatsächlich ein Totenreich. Demeter ist durch ihre Tochter zugleich mit dem Unterirdischen verbunden: als Erdmutter sind ihr gleichsam die Saaten und die Toten anvertraut; in Athen, Sparta und Rom wurden der Demeter (lat. Ceres) bei Bestattungen Opfer dargebracht. Die Eleusinischen Mysterien beziehen sich somit auf das Leben und den Tod, auf die Ober- und die Unterwelt. Die enge Verbindung beider Sphären drückte der Grieche auch darin aus, daß er die beiden Göttinnen allgemein als »die Göttinnen« (τὼ θεώ) ansprach; entsprechend finden wir auf bildlichen Darstellungen Demeter und Persephone (auch Kore – das Mädchen – nur genannt) oft beisammen. Der Raub der Persephone durch Hades und ihre Wiederkunft, ihr Aufstieg und Niedergang, ihr Kommen und Gehen, steht für den Wechsel der Jahreszeiten, für das Blühen und Reifen, für die Metamorphose von Leben und Tod, für das Naturgeschehen und das Geisterleben der Verstorbenen.

Der Raub der Persephone: Diese pflückte auf einer Wiese Blumen, da öffnete sich plötzlich der Boden und Hades sprengte mit seinem Wagen hervor und entführte sie. Demeter suchte daraufhin – verzweifelt über die Erde streifend – ihre Tochter. Aus Schmerz zog sie sich in die Einsamkeit zurück; die Folge davon waren Unfruchtbarkeit, Hunger und Not auf der Erde; Trauer und Schmerz, ihre Tränen ließen sie als *mater dolorosa* erscheinen (vgl. Barbaras Trauer und Tränen über Jakobs Tod in der Erzählung). Die Tränenströme (vgl. Strom-Metapher) verweisen jedoch auch auf die *Ströme* der Unterwelt (Styx, Lethe, Kokytos, Acheron, Pyriphlegethon). Das Motiv des *Vergessens* (Lethe), der *Klage* (Kokytos, von gr. κωκύειν klagen) und des *Schrecklichen* (die Styx) thematisiert auch die »Spielmann«-Erzählung.
Helios verriet Demeter den Aufenthalt ihrer Tochter, und Zeus bestimmte, daß Persephone zwei Drittel des Jahres auf der Erde, den Rest im Hades zubringen müsse (dies entspricht den fruchtbaren und den unfruchtbaren Zeiten der Natur). Daraus erschließt sich auch die Zweiteilung des Persephone-Mythos: Raub der Persephone (und Suche durch Demeter) und Wiedervereinigung mit Demeter (vgl. Schillers »Klage der Ceres«, 1796). Während Persephone auf der Erde weilt, gilt sie als Gefährtin und Gespielin der Nymphen, bes. aber des Dionysos (dionysisches Fest!).
Das Totenreich, der Hades, wird in der *Homerischen Eschatologie* generell als öde, schaurig und freudlos bezeichnet (vgl. die Klage des Achill in der »Odyssee«, 11. Gesang), die Toten führen dort ein wesenloses Schattendasein. Die *nachhomerische* Theologie und Mythologie kennt neben dem *Tartaros* mit seinen Leidensgestalten auch einen Ort der Seligen, das *Elysium*, das vom Strom Lethe umflossen wird. Der Demeter-Kult (und bes. die Orphik mit ihrer ausgebildeten Theogonie und Kosmologie, Seelenwanderungslehre usw.) gab den antiken Menschen einen gewissen Jenseitstrost.
Das Persephone-Bild hat ebenfalls einige Wandlungen durchgemacht: Zuerst – im Epos – galt Persephone als todbringend, grausam gegen das Leben, als Inhaberin des versteinerten Medusenhauptes; dann – im Volksglauben – wurde sie zu einer befruchtenden, schöpferisch wirksamen Göttin, galt als Reichtumsspenderin (daher ihr Gatte Hades auch als Pluto – Gott des Reichtums –) von üppiger Fülle und als Nährerin. Diese Auffassungen, diese Attribute sind dann zu einem Bild zusammengezogen worden. Erst sehr spät galt sie auch als eine dämonisch geisterhafte Gestalt, die oft mit *Hekate* (s. Anm. zu 7,13 f.) gleichgesetzt wurde. Als Herrscherin der Unterwelt gebot sie

generell den Mächten der Unterwelt: Thanatos (Tod), Hypnos und Morpheus (Schlaf und Traum) und Phantasos (vielgestaltige Phantasie).

Bemerkenswert ist auch, daß *Poseidon*, der Gott des Meeres und der Fluten, als Schützer der Feldfrucht in Eleusis verehrt wurde (ebenfalls durch eine Prozession); er wurde als πατήρ (Vater) angerufen. Den Schluß der Opfer in Eleusis bildete eine *Wasserspende* als Totenopfer (vgl. Überschwemmung, Strom-Metaphern).

In der Erzählung wird also der *Demeter-Persephone-Mythos* aufgenommen, sie läßt sich als epische Neugestaltung vor allem der *Totenfeier* interpretieren (vgl. in der Orphik: Gesang–Musik–Tod; dort werden neben Dionysos auch bes. Demeter-Persephone und Hekate genannt), als mythologisches Gleichnis von Leben und Tod, von Werden und Vergehen. Die Strom-Metaphern, die Überschwemmung, die Toten verweisen in der Schreckensdarstellung durchaus auf den Homerischen Hades mit seiner grausigen Trostlosigkeit. Zugleich jedoch wird auch das Elysium, der Ort der Seligen, vergegenwärtigt. Beide Sphären des Totenreiches stellt die Erzählung vor den Leser, das realistische Szenarium gerät deshalb auch zur Totenwelt, die Landschaft zur Hades-»Landschaft«. Es sind dabei zwei mythologische Linien zu unterscheiden: Einmal der Weg vom Leben zum Tod, der Demeter-Persephone-Mythos; es ist ein Weg in den Tartaros oder das Elysium. Dann auch die Linie vom alltäglichen Leben zum Fest (christlich, dionysisch, saturnalisch), von der Realität zur Utopie (5,15 *Schlaraffenland*, 5,14 f. *Eldorado*).

Mythologisch sind die *Zeitangabe* (3,1 *Vollmond*, Luna), S. 6 die Gestalten der *Dido* aus Vergils »Aeneis« und der *Medea* (Argonauten-Sage) oder der Streit (*Streit der Göttersöhne*) zwischen Achill und Agamemnon (Homer, »Ilias«, 1. Gesang) und der Titanenkampf. Grillparzer betont selbst die Exzeptionalität des Geschehens: es sei ein *eigentliches* Fest (3,3), und er spricht von den *gewöhnlichen Tagen* und den *gewöhnlichen Spaziergängern* (6,27 f.), die er von den Festtagen und den Festbesuchern der Erzählung scheidet. Damit ist das *eigentliche* Fest zugleich ein *außergewöhnliches* Fest.

Die Darstellung des Volksfestes, die einige zeitgenössische journalistische Vorlagen hat, ist sicherlich entscheidend durch Goethes »Römischen Karneval« beeinflußt worden (s. Kap. I, Anm. zu 3,1–9).

Es liegt hier nicht einfach die Übernahme eines bestimmten Mythos vor, sondern Grillparzers poetisches Verfahren ist eine Art *mythologischer Synkretismus*, eine Verschmelzung von verschiedenen mythi-

schen Motiven. Diese werden vor allem aus dem Demeter-, dem Dionysos- und dem Orpheus-Mythos entnommen, den bedeutendsten Mysterien und Mythen der Antike. Gemeinsam ist ihnen ein Erlösungsglaube, der den Erlösungsgedanken des Christentums vorbereitete; besonders die Orphik hat über den Neoplatonismus auf das Christentum gewirkt. Von da her zeigen sich auch Verbindungen zu den christlichen Motiven der Erzählung.
Dieser mythologische Synkretismus bestätigt sich auch bei der Interpretation des Bildes der *Harfenspielerin* (7,13 f.). Diese Harfenspielerin mit den *widerlich starrenden Augen* steht *hier an den Propyläen* (7,11 f.), gleichsam als *Hüterin des Tores* und des *Weges*. Der Weg, der die beiden Richtungen des Lebens und des Todes anzeigt, ist eine Art *Scheideweg*. Als Schützerin der Tore und Hüterin der Straßen und Wege, als gespenstische Gottheit, die nachts an Scheidewegen spukt, kennt die griechische Mythologie die Gestalt der *Hekate*. Auch als Mondgöttin aufgefaßt, geht sie nachts mit ihren Hunden an den Gräbern um (diese lagen an der Straße). Daneben ist sie dem Schattenreich verwandt, ruft die Geister der Toten, um die Menschen zu erschrecken. Ihr Beiname *»Antaia« (Begegnerin)* drückt aus, daß sie dem, der ihr nachts begegnet, Unheil bringt (Begegnen-Begegnung: s. Kap. III,1 [Politzer]). Ihr wurde auf der Akropolis – vor dem Südflügel der Propyläen – geopfert als der Hüterin des Eingangs zur Burg; als Gottheit der Tore und Wege hütet sie generell den *Ein- und Ausgang* und den *Übergang*. Auch sonst brachte man ihr an *Scheide- und Kreuzwegen* (vgl. *kreuzende* Ströme, 3,27; *durchkreuzte* Menge, 6,33 f.) Opfer dar. (Hekate war auch bei Beschwörungen anwesend, war Herrin der Zauberer und Geister usw.) Der Irrtum am Dreiweg wurde ihrem unheimlichen Einfluß zugeschrieben. Als eine ihrer Dienerinnen wird *Medea* genannt; in Grillparzers »Das goldene Vließ« ist sie die Mutter der Medea. Ihre Eigenschaften: Hüterin der Tore und Wege (Kreuz- und Scheidewege, Ein- und Ausgang, Übergang); ihre Funktion als Begegnerin; die Verwandtschaft mit Persephone und dem Totenreich; das Schreckliche und Gespenstische der Hekate – dies findet sich auch in unserer Erzählung thematisiert.
Hekate wurde mit *Empusa* (Schreckgestalt am Eingang zur Unterwelt) und mit *Lamia* identifiziert. Letztere ist imstande, ihre Augen herauszunehmen und sie als Wächter aufzustellen, während sie selbst schläft. Da Hekate auch der dritten *Graia* (Graiai oder Graien: greise Göttinnen, Personifikationen häßlicher Meerungeheuer), Deino (auch Perso), zugeordnet wurde, liegt vielleicht auch eine Anspielung

auf die Graien vor (vgl. die Phorkyaden in »Faust« II, 3. und 4. Akt; sie entsprechen den Graien).
Hekate wurde – wie Pausanias in seiner »Beschreibung Griechenlands« berichtet – zuerst von Alkamenes als *dreigestaltig* dargestellt (vgl. Dreiweg). Vor Alkamenes gab es Hekate-Bilder auf Vasen, aber eingestaltig; nach ihm findet sich eine Fülle dreigestaltiger Hekateia. Auf hellenistischen Friesen und Reliefs ist Hekate meist eingestaltig, doch mit 3 Köpfen und 6 Armen. Dies gibt einen wichtigen Hinweis zum Verständnis der Dreiergruppe der Musikanten: Die drei Musikanten sind als *eine* Figur aufzufassen, als das *Bild der dreigestaltigen Hekate*.
Ihre Kennzeichnung als Harfenspielerin weist auch auf die ägyptische Mythologie. Zum Stichwort »Harfnerlied« vgl. das »dtv-Lexikon der Antike: Philosophie, Literatur, Wissenschaft«, Bd. 2, S. 198: »In ägypt. Privatgräbern des Neuen Reiches ist mehrmals bei Opfer- oder Gastmahldarstellungen ein Harfner (seltener Flötist) abgebildet, dem sein Lied beigeschrieben wird. Dieses schildert die Unsicherheit des Weiterlebens nach dem Tode und folgert daraus die Notwendigkeit, das Leben zu genießen.«
Bei diesen Figuren lassen sich neben den *mythologischen Auflösungen* auch andere Aspekte hervorheben.
Die drei Musikanten als *Allegorien* bzw. *Personifikationen* (Schrekken/Grauen, Leid/Schmerz und das Häßliche) halten Charakteristisches von Jakobs *Lebensgeschichte* wie auch den Gegensatz zu seinem *Kunstideal* fest. (Die Harfenspielerin darf nicht als Allegorie des Todes aufgefaßt werden, denn Grillparzer spricht von »starrenden«, nicht von »starren« Augen.) Berücksichtigt man, daß im 18. und 19. Jahrhundert noch die Auffassung vorherrschte, die griechischen *Plastiken* seien »blind«, die dargestellten Figuren hätten keine belebten Augen besessen, dann könnte der widerlich starrende Blick der Harfenspielerin auf diese Tatsache zurückzuführen sein; vorausgesetzt, man erkennt in ihr eine solche plastische Figur. Am Ende der Erzählung betrachtet der Erzähler Barbara (*Mein letzter Blick traf die Frau*) und spricht – im letzten Satz – von ihren Tränen, die stromweise über ihre Backen liefen. Wiederum ergibt sich ein ganzes Bündel von Beziehungen: Strom, Tränen, Auge, Blick, Schmerz, Trauer.
Die *Straßenmusikanten* sind auch typische *Jahrmarktfiguren*, die mit ihrer Musik ihren Unterhalt verdienen. Jakobs Unterscheidung einer auf einen *Zweck* gerichteten und der *absoluten* Kunst (vgl. seine Tageseinteilung) wird hier schon akzentuiert. Ebenfalls muß bei der Interpretation der Zusammenhang von *Musik* und *Tod* – wie er beispiel-

haft in Orpheus zum Ausdruck kommt – beachtet werden. Ein Blick auf *Mignon* (in »Wilhelm Meisters Lehrjahre«) zeigt, daß auch zu ihr einige Entsprechungen vorliegen, so z. B. wenn Wilhelm über den Anblick von Mignon erschrickt, »so daß er den Blick [Mignons] nicht ertragen konnte« (Buch 5, Kap. 13), oder wenn »ihre Glieder einen stärkern Wuchs versprachen [als ihr Körper] oder einen zurückgehaltenen ankündigten« (Buch 2, Kap. 4). Dies ist deshalb von Bedeutung, weil Grillparzers Erzählung mehrfach Anspielungen auf Goethes Roman enthält – vor allem was die Gestalt des *Harfners* betrifft. – In Grillparzers Schicksalstragödie »Die Ahnfrau« (1817) steht der »starre Blick« (und entsprechende sinnverwandte Ausdrücke) mehrfach für das Entsetzliche.[2]

3. Musik als Motiv in der neueren Erzählliteratur

(Originalbeitrag von Thomas Horst)

Eine Untersuchung der Musik als Motiv in der Erzählliteratur der letzten zwei Jahrhunderte kann kaum ohne die zumindest skizzenhafte Beantwortung der Frage einsetzen, welche Rolle überhaupt der Musik in jener Zeit zufiel. Die besonderen Ausgestaltungen des Motivs in den Erzählwerken können als Momente eines übergreifenden Sinnzusammenhanges verstanden werden. Der Sinnzusammenhang wird hergestellt durch Ereignisse, die den Übergang der mittelalterlichen Kultur zur modernen kennzeichnen.

Erst als Musik aus den Funktionen repräsentativer Öffentlichkeit bei Hofe wie aus den liturgischen Diensten der Kirche entlassen und den Gesetzen des freien Marktes überantwortet wurde, konnte sie sich als autonome Kunst

2 Zur Funktion des Mythos und der Mythologie in der Literatur vgl. Karl Philipp Moritz (1756–93), »Götterlehre oder Mythologische Dichtungen der Alten« (insbes. Einleitungskapitel »Gesichtspunkt für die mythologischen Dichtungen«). Moritz, der Autor des Entwicklungsromans »Anton Reiser«, hat mit seinen ästhetischen Überlegungen besonders Goethe beeinflußt. Er war seit 1789 Professor für Altertumskunde in Berlin, 1795 erschien seine »Götterlehre« (leicht zugänglich als insel taschenbuch Nr. 419). – Über die Bedeutung der Mythologie als Gegenstand der Literatur in der Romantik vgl. Friedrich Schlegel, »Rede über die Mythologie« (»Athenäum«, Bd. 3, Berlin 1800).

konstituieren. So wurde ihr, wie den anderen Künsten, die Möglichkeit gegeben, die Sphäre einst verbürgten Sinnes zu besetzen, die durch den Zusammenbruch der mittelalterlichen Glaubenswelten, der auch durch die in der frühen Neuzeit entstandenen metaphysischen Konstruktionen nicht widerrufen werden konnte, frei geworden war. Daß gerade ihre Unbestimmtheit und, nach Hegels Urteil, abstrakte Innerlichkeit die Musik dazu prädestinierten, Sinnverlust zu kompensieren, antwortet auf die Widersprüchlichkeit der Situation, die nach dem Übergang der mittelalterlichen Epoche in die neuzeitlich-bürgerliche entstanden war. Charakterisiert ist die Lage dadurch, daß im Zuge des Zerfalls der hierarchisch gegliederten, den sozialen Ort jedes Individuums eindeutig fixierenden Gesellschaftsordnung des Mittelalters durch den Aufstieg einer Gesellschaft konkurrierender Privatleute, die als freie und gleiche, von Beschränkungen des Standes emanzipierte Rechtssubjekte zueinander in Beziehung treten, jenen überindividuell gültigen Sinnkonzeptionen ein für allemal die Grundlage entzogen wurde. Das neuzeitliche Subjekt, in Freiheit gesetzt, begreift Sinnstiftung als eigene Leistung. Andererseits bedarf die Sehnsucht nach überwundenen Verbindlichkeiten und Geltungsansprüchen der Palliative. Als angemessene Substitute sind mithin diejenigen Sinnkonzeptionen zu bestimmen, die einen solchen Grad von Unbestimmtheit erreicht haben, daß sie auch unter den Bedingungen einer bürgerlichen Gesellschaft atomisierter Individuen Einheit, harmonischen Zusammenhang von Natur und Gesellschaft wie unter den Subjekten selbst suggerieren können. Sodann sind sie aber auch in einem Maße auf Subjektivität angewiesen, daß sie der Verlegung des Ortes der Sinnstiftung in die Innerlichkeit des Subjekts Rechnung tragen. Unter den Künsten ist es die Musik, die solchen Anforderungen am überzeugendsten gerecht wird. Daraus gewinnt sie ihre überragende Bedeutung in einer Zeit, die den Untergang der alten Gesellschaft durch politische und industrielle Revolution besiegelt. Die »Idee der absoluten Musik« (Carl Dahlhaus) beherrscht das ästhetische Bewußtsein. Musik soll dem Absoluten Ausdruck verleihen, das nur als ein Unbestimmtes gedacht werden kann, dessen Ahnung zwar im Subjekt aufsteigt, dessen Inbegriff aber ihm transzendent ist. Der Bedingung für die Entstehung neuer Sinnentwürfe in der Moderne: Unbestimmtheit der überindividuell verbindlichen Idee, deren Bedeutung indessen allein in der Innerlichkeit des Subjekts erschlossen werden kann, wird so entsprochen. Das Problem der Musik gerät zum Paradigma des Problems der Kunst in der modernen Gesellschaft überhaupt.

Bevor die »absolute Musik« in kunstphilosophischen Theorien thematisch wurde, fand ihr Inbegriff bereits als Motiv in der erzählenden Literatur erste Bestimmung. Das wichtigste Dokument ist Karl Philipp Moritz' »allegorischer« Roman »Andreas Hartknopf« (1785). Das Werk protokolliert die bedeutsame Verwandlung, die der Musikauffassung der Aufklärung, die Musik einzig als bloßen Ausdruck bestimmter Affekte, aufzählbarer Gemütsbewegungen würdigen konnte, in Richtung auf die metaphysisch begründete Idee widerfuhr, Musik sei Manifestation eines unfaßbar Unendlichen. Die Titelfigur, ein der Mystik ergebener »Grobschmied und Priester«, der, in sein Heimatstädtchen zurückgekehrt, gegen Basedowsche Pädagogen und Vulgäraufklärer im Namen der mystischen Lehre, die die unbestimmbare Einheit von Seele und Natur der bornierten Nützlichkeitsmoral rationalistischer Philanthropie zum Trotz feiernd verkündet, den Kampf aufnimmt und endlich gar als Märtyrer umkommt, läßt im großangelegten Gespräch mit dem »Emeritus», das die Summe mystischer Weisheit zieht, Sprache und Musik einander im harmonischen Wechsel so ergänzen, daß die »Akkorde« (!), die Hartknopfs Flöte hervorbringt, die »Sprache des Verstandes« in die »Sprache der Empfindungen« auf angeblich vollkommene Weise übertragen. Dies scheint dem Sinn der rationalistischen Gefühlsästhetik ganz zu entsprechen; indessen geht der Text unversehens in die Schilderung der Macht der Musik über, die die empfängliche Innerlichkeit des Hörers in den Bann schlägt; exemplarisch ist die Erfahrung dessen, der sich dem Geheimnis eines Tons hingibt, der von fern herüberklingt. Eine ähnliche Bewegung des Übergangs, den das neue Musikbewußtsein erzeugt, läßt sich am »Hesperus« von Jean Paul (1795) beobachten, der Moritz viel verdankt.[3] Eine Symphonie von Carl Stamitz, der zunächst eine Charakterisierung im Sinne der konventionell gefühlsästhetischen Auffassung zuteil wird, provoziert den Erzähler sodann zu einem schwärmerischen Hymnus an die Musik, den er in die unvermittelte Anrede an den Romanhelden Viktor kleidet, deren Zentrum der Gedanke bildet, daß Musik der Sehnsucht nach einem Namenlosen, Unsagbaren Laut gebe. – Bei Wilhelm Heinrich Wackenroder endlich, der in Zusammenarbeit mit Ludwig Tieck die ersten Entwürfe zu einer romantischen Musikästhetik zustande brachte, wird die von Moritz und Jean Paul erst vage eingeführte Idee einer Musik des Absoluten zum zentralen Thema der Novelle, die die »Herzensergießungen eines kunstliebenden Klosterbruders« (1796) beschließt; sie, die den weitläufigen Titel »Das merkwürdige musikalische Leben des Tonkünstlers Joseph Berglinger« trägt, hat die meisten der ihr folgenden romantischen Erzählungen, die der Problematik der Kunst gewidmet sind, stark beeinflußt. In ihr wird ausdrücklich Musik mit der Sphäre des Transzendenten in einer Weise verbunden, daß die Konzeption einer Kunstreligion zum Greifen nahe rückt: Kunst – und Musik als ihre prominente Repräsentantin – füllt bei Wackenroder die Leerstelle aus, die seit der Zerstörung der religiösen Gewißheiten der Neubesetzung harrt. Der Komponist Berglinger jedoch geht an der Kluft zugrunde, die zwischen der prätendierten Transzendenz und der von Widersprüchen zerrissenen prosaischen Realität sich auftut. Die Schlüsselbedeutung der Erzählung liegt nicht zuletzt darin, daß die Ambivalenz von Sinnsurrogaten vom Schlage der absoluten Musik offenbar wird. Denn an der Idee von Einheit und Harmonie wird trotz aller Zerrissenheit und Widersprüchlichkeit der gesellschaftlichen Realität festgehal-

3 Vgl. dazu die Studie von Carl Dahlhaus, »Die Idee der absoluten Musik«, München 1978, S. 64 ff.

ten. Diese Idee objektiviert die Antagonismen und setzt sich zu diesen in ein Verhältnis, das wiederum als Gegensatz auftritt. Damit ist eine Erweiterung des Motivs angedeutet, die die Ungebrochenheit hymnischen Preisens zerstört. – In Goethes Roman »Wilhelm Meisters Lehrjahre« (1795/96) ist jener Gegensatz zwischen poetischer Idee und prosaischer Wirklichkeit samt seiner Funktion in der bürgerlichen Gesellschaft in der fatalen Ausgrenzung der Sphäre Mignons und des Harfners gestaltet: beide werden dem Kalkül der Turmgesellschaft geopfert, die poetisches Leben, dessen Bild wiederum sie als Ideal innerer Versöhnung benötigt, nur mehr antiquarisch, als museal aufbewahrte Reliquie duldet. Die Konfrontation des im quasimetaphysischen Sinnentwurf gemeinten Unsagbaren mit der gesellschaftlichen Wirklichkeit, die vor allem den Anspruch rationaler Planung und Kontrolle erhebt, gipfelt in einer bedeutsamen Variante des Bildes vom Künstler und Musiker: der Künstler kommt mit dem tabuierten Bereich des Wahns in Berührung – Goethe hat der Figur des Harfners überdeutlich solche Züge verliehen. Daß die künstlich erweckte Transzendenz mit dem Wahn sich vereinigt, hat Kleist in seiner Erzählung »Die heilige Cäcilia oder die Gewalt der Musik« (1810/11) eindringlich dargestellt. Aachener Bilderstürmer, im Begriff, ihr wildes Treiben auch auf ein Nonnenkloster auszudehnen, überfällt, während sie der wunderbaren, der späteren Überlieferung zufolge von der Schutzheiligen der Tonkunst selbst geleiteten Aufführung einer alten Messe beiwohnen, pathologische Verzückung, die sie bis an ihr Lebensende nicht mehr verläßt. Die Transzendenz, die der Musik jene »Gewalt« verleiht, geht mit zerstörerischem Wahn einher. Solche Ambivalenz der Musik des Absoluten beherrscht bei E. T. A. Hoffmann die Gestaltung aller poetischen Arbeiten, die des wahrhaft ergiebigen Themas sich angenommen haben. Im »Don Juan« (1813) wird die erste Deutung von Mozarts »Don Giovanni« gewagt, die das dämonische Element dieser Musik so entschieden akzentuiert, daß sie – unter anderem – zum Vorbild der »Don Giovanni«-Interpretation in Kierkegaards Hauptschrift »Entweder-Oder« werden konnte: Vereinigungsdrang, Auflösung umgrenzender Individualität, Synästhesie sind Motive, die für Grenzerlebnisse einstehen sollen, die den Wahn des Mozart-Erlebnisses zu poetischer Transzendenz erheben; in der Gestalt Don Juans wird der Konflikt zwischen irdischer Begrenztheit und der ersehnten transzendenten Unbedingtheit ausgetragen. Bereits in der »Fantasie« über den »Ritter Gluck« (1809/14), die, bezeichnend genug, die erzählte Begebenheit zwischen Illusion und Realität changieren läßt, wird der Wahn des Musikers als notwendige Folge der Inkommensurabilität von absoluter und empirisch realer Sphäre gedeutet. Der »Fragmenten«-Roman über die »Lebensansichten des Katers Murr« (1819/21) hingegen unternimmt, was auch formal als Wechselseitigkeit der Beziehung der beiden erzählten Bewußtseinswelten – der prosaisch beschränkten des Katers und der zerrissenen poetischen des Kapellmeisters Kreisler – klar vor Augen liegt, den Versuch, die entgegengesetzten Sphären zu vermitteln; Ort der Vermittlung ist der »Humor« des Erzählers. Nur in den ästhetischen Bezirken der Form kann eine heikle Balance aufrechterhalten werden. – Die erste Erzählung in Heines »Florentinischen Nächten« (1836/37) gleicht in der Manier, Realität und Phantasie zu verschränken, dem »Ritter Gluck« Hoffmanns. Wiederum ist die Dämonie der Musik, für die nunmehr Paganini die geeignete Figur abgibt, bevorzugtes Thema. Hoffmanns Vermittlungspunkt, der im »Kater Murr« noch bestimmt werden sollte, kommt nicht mehr in den Blick. – Aus diesem dicht gesponnenen motivgeschichtlichen Zusammenhang, in dem als Konstante der Aspekt der entgrenzenden dämonischen Macht der Musik festgehalten wird, ist allein Goethe mit seiner »Novelle« (1828) ausgebrochen: hier ist Musik eine Gewalt einzig als Besänftigung des Wilden, der es gelingt, elementare Naturmächte mit »freundlicher« Gebärde zu beherrschen. – E. A. Poes Erzählung »The Fall of the House of Usher« (1839) knüpft hingegen ans romantisch Geläufige an, verändert das Thema allerdings um eine charakteristische Nuance: sie läßt das Dämonisch-Phantastische in Rodericks Balladenvortrag in Bereiche todgeweihter Décadence hinüberspielen. Der traditionelle Gegensatz, die Fremdheit, die zwischen der Sphäre der Transzendenzmusik und der trüb bürgerlichen Gegenwart sich ausbreitet, hat, sarkastisch gewendet, auch in Balzacs Roman »Le cousin Pons ou Les deux musiciens« (1847) das letzte Wort: der Musiker Pons und sein brav-argloser deutscher Freund Schmucker fallen der skrupellosen Habgier verschmitzter Kleinbürger kläglich zum Opfer. – Einen Höhepunkt der poetischen Verarbeitung jenes problematischen Verhältnisses stellt ohne Zweifel Mörikes Novelle »Mozart auf der Reise nach Prag« (1855) dar: suggeriert die Parkszene – Mozart bricht vom Pomeranzenbaum eine Frucht – subtil die an den Sündenfall im Paradies gemahnende Fatalität von Kunst, so hält die Erzählung doch fast durchweg in der geradezu nach dem Vorbild kontrapunktischer Polyphonie strukturierten Novellen»komposition« die Balance zwischen einer Mannigfaltigkeit von Momenten: die Prosa der bürgerlichen Verhältnisse (in der Schilderung der ökonomischen Grundlage von Mozarts künstlerischer Existenz), die – anderswo zum Klischee erstarrte – »biedermeierliche Idyllik«, das Glück unwillkürlich erwachsender Erinnerung, schließlich der jede abgegrenzte Individualität aufs äußerste gefährdende dämonische Charakter von Musik sind virtuos ins erzählerische Gleichgewicht gebracht, bis am Ende doch gerade der destruktive Aspekt der Ambivalenz der absoluten Musik die Oberhand gewinnt: Mozart bestürzt mit seinem Klaviervortrag aus seinem fast vollendeten »Don Giovanni« die Zuhörerschaft, die, nach ihrem aristokratischen Geschmack, Heiteres erwartet hatte, durch rücksichtslosen Ausdruck desselben überirdischen Grauens, das das Zentrum der Musikdeutung in Hoffmanns »Don Juan«-Erzählung erfüllt. – Das Resultat der Motiventwicklung, die immer wieder auf die Unversöhnlichkeit der Sphären führt, bringt in der Tat Grillparzers »Armer Spielmann« (1848) auf den Begriff: das oft betonte Unvermögen des Musikanten Jakob ist allenfalls subjektiver Ausdruck des objektiven Mißverhältnisses zwischen

der Welt des Absoluten und der des verstockt Empirischen. –
Die folgende Entwicklung ist durch depravierende Variation desselben Grundverhältnisses gekennzeichnet. Traurig endet in Theodor Storms Erzählung »Ein stiller Musikant« (1874/1875) der Zusammenstoß eines kunstbeflissenen Außenseiters mit der Öffentlichkeit, die den Talentierten zum Versager stempelt; immerhin widersteht Storm dem in der »realistischen« Erzählproduktion, besonders bei Raabe, übermächtigen Drang, die Sonderlinge als nützliche Käuze den bürgerlichen Verhältnissen zu integrieren. – Eine merkwürdige Variante bietet in diesem stets mehr von Monotonie beeinträchtigten Zusammenhang Leo Tolstois »Kreutzersonate« (1891). Die Erzählung eliminiert zugunsten schroff moralischer Verurteilung alles Verklärende, das im überliefert romantischen Ambivalenzverhältnis zur musikalischen Dämonie vorherrscht: Sittenverderbnis, dargestellt am Zusammenbruch einer strindbergischen Ehe, wird der Tonkunst zur Last gelegt. – Ähnlich moralisierendem Verfahren, mit gerade umgekehrtem Vorzeichen, folgt André Gide in seiner Erzählung »La Symphonie Pastorale« (1919): hier wird Musik, in Gestalt von Beethovens 6. Symphonie, zur Darstellung von Humanitätsideal und Schönheitsnorm überhöht, vor der die Wirklichkeit sich kompromittiert, mit bösen Folgen für die Beteiligten. – Der Seitenblick auf Wedekinds Tragikomödien, der den Bereich der Erzählliteratur kurz verläßt, kann gerechtfertigt werden: jene Grotesken erreichen eine neue Stufe in der literarischen Behandlung der Musik: Wedekinds Künstlerfiguren, die im Einakter »Der Kammersänger« (1899) und im »Sittengemälde« »Musik« (1906) brutal das Feld behaupten, haben sich der Barbarei infamer Bürgerlichkeit verschrieben, die aus Kommerz, Ausbeutung und Doppelmoral zusammengesetzt ist. Die Sphären, die zuvor als streng abgetrennte nur in unlösbarem Konflikt sich begegneten, werden zu zynischer Eintracht verbunden. – Kein Werk ist mit dem Thema Musik so verbunden wie das Thomas Manns. Das Wagner-Erlebnis hat Manns Kunst-

auffassung geprägt. Dies allerdings hatte zur Folge, daß in den »Buddenbrooks« (1901) Musik wieder einmal in Dekadenzzusammenhänge versetzt wurde: die Musikleidenschaft, der Hanno sich beim Phantasieren am Hausklavier selbstvergessen hingibt, wenn er nicht gerade den Klangverführungen des »Lohengrin« erliegt, bildet das Signalement für den endgültigen Niedergang, für Krankheit und Tod. Im »Zauberberg« (1924) wird das Band zwischen Musik und Tod – Paradigma ist das Lindenbaum-Lied Schuberts, dessen suggestiver Gewalt Castorp verfällt – noch enger geknüpft. In der Novelle »Tristan« (1903) wird wiederum eine bekannte Motivgruppe aufgegriffen. Der Gegensatz zwischen platter Bürgerlichkeit und verstiegenem Ästhetizismus ist in der Begegnung von Spinell und Klöterjahn auf die groteske Pointe getrieben; die von Spinell veranstaltete Berührung beider Sphären in Gabriele geht für diese tödlich aus. Beide Sphären werden indessen gleichermaßen in ihrer Fragwürdigkeit bloßgestellt; die entscheidende Einsicht ist angedeutet, daß die entgegengesetzten Pole als notwendig aufeinander bezogene Momente demselben gesellschaftlichen Widerspruch sich verdanken. Im 1947 erschienenen Roman »Doktor Faustus« wird dieser Zusammenhang zum formstiftenden Prinzip. Die apokalyptische Entwicklung der »prosaischen« gesellschaftlichen Verhältnisse hin zur faschistischen Katastrophe findet ihre genaue, schon durch Einführung der Erzählermaske Zeitblom skizzierte, formal durch dichtes Leitmotivgewebe angedeutete Parallele in der persönlichen Katastrophe des »deutschen Tonsetzers Adrian Leverkühn«, dessen Teufelspakt pünktliche Erfüllung erheischt. Adornos musikphilosophische These, daß gerade im scheinbar abgeschiedenen Raum kompositorischer Spezialprobleme die Antagonismen der Gesellschaft sich in musikalisch-technische, »bloß« formale Fragestellungen verwandelt haben, scheint ihrerseits von Thomas Mann zum ästhetischen Prinzip der Verbindung der verschiedenen Ebenen und Schichten zur Totalität des Romanwerks umgeformt worden zu sein.[4] Das Verfahren, die Form des Erzählwerks selbst musikalischen Konstruktionsprinzipien zu unterwerfen, konnte Mann in Joyce' »Ulysses« (1922), besonders im Sirenen-Kapitel, das kontrapunktisch-polyphonen Formgesetzen gehorcht, exemplarisch durchgeführt finden. Als Urtyp solcher Gestaltung kann Zolas Roman »Le ventre de Paris« (1874) gelten: ein im Käseladen unter Frauen sich entspinnendes Gespräch weist nach dem Vorgang musikalischer Komposition ein strukturiertes Geflecht von Motiven auf. Das literarische Werk thematisiert nicht mehr eigens den Gegensatz, sondern zieht sich, indem der Gehalt des Motivs zur Form destilliert wird, auf den einen Pol: die lebensferne Kunst zurück; möglich, daß dieser demonstrative Selbstbezug, der aller modernen Kunst eignet, Ausdruck der Verzweiflung an der Vermittlung ist. Kafka hat in seiner letzten Erzählung »Josefine, die Sängerin oder Das Volk der Mäuse« (März 1924) aus dieser Situation den radikalen Schluß gezogen, der Sinn der Kunst – auch hier wiederum in exemplarischer Bedeutung: der Musik – erfülle sich in ihrer Liquidation: »Josefine aber, erlöst von der irdischen Plage, die aber ihrer Meinung nach Auserwählten bereitet ist, wird fröhlich sich verlieren in der zahllosen Menge der Helden unseres Volkes, und bald, da wir keine Geschichte treiben, in gesteigerter Erlösung vergessen sein wie alle ihre Brüder.«

4. Historische Streiflichter

Karl Gutzkow (1811–78), einer der führenden literarischen und publizistischen Vertreter des Jungen Deutschland, in »Wiener Eindrücke« (1845):

»Die Stadt ist schön, reizend, malerisch umschlungen von einem Arme der Donau. Das Glacis[5], vielleicht etwas zu

4 Adorno stand dem Romancier in musikästhetischen Fragen beratend zur Seite.

5 Glacis: (bepflanzter) Hügel aus Erdaufschüttungen vor dem Festungsgraben um Wien.

breit, bietet den Luftströmungen den freiesten Durchzug. Die Vorstädte haben alle etwas Charakteristisches, die eine mehr städtisch, die andere mehr ländlich. Kann man freundlicher wohnen als in der Leopoldstadt mit dem Blick über die belebte Brücke? Oder welche Stadt bietet eine solche Fernsicht, wie man sie von der Schotten- und Mölkerbastei über die Vorstädte, die Gärten und ins Gebirg genießt? An verschönernden Neubauten findet man größtenteils nur Wohnhäuser, wenig öffentliche; doch tragen die alten Denkmäler den Stempel der Ehrwürdigkeit. Das Innere der alten Häuser ist massiv, meist dunkel und winklich, und doch fehlt es nicht an freundlichen Aussichten. Die Einrichtung der Häuser trägt einen eigenen Charakter. Wenn man an der Grenze Bayerns von Eleganz und Comfort der Wohnungen Abschied nehmen zu müssen glaubt, so wird man überrascht, im Oesterreichischen bald einen eigenen Stil der Zimmerverzierung zu finden. Wiens Comfort erinnert an Italien. Man möchte annehmen, daß der Wiener Luxus von Paris über Mailand gekommen ist.

Zur Verbindung der ungeheueren Distanzen, an welchen der Fremde in Wien keucht und schmachtet und die auch dem Einheimischen für seinen Beruf störend sein müssen, ist noch wenig geschehen. Das Auge des ermüdeten Wanderers, der überdieß noch an der Lokalunkenntnis leidet, sieht sich vergebens nach Omnibus um, die man bei der Polizei für eine zu demokratische Institution der Franzosen zu halten scheint. Das Fiakerwesen ist aber Wiens partie honteuse. Die Wagen und Pferde sind vortrefflich, aber die Kutscher sind die unausstehlichsten Geschöpfe der Erde. Sonderbar! In Oesterreich, wo Alles der Taxe und Kontrolle unterworfen ist, läßt man die Wiener Fiaker im Zustand der Anarchie. Jede Fahrt, die der Fremde mit ihnen machen muß, wird ihm vor dem Einsteigen durch ein unverschämtes Überfordern und die ekelhafte Notwendigkeit, mit diesen Gaunern handeln zu müssen, verbittert. Wie geregelt sind diese Dinge in dem ›anarchischen‹ Paris, in dem ›gemütlosen‹ Berlin! Wenn es wahr ist, daß man die Wiener Fiaker einer Taxe zu unterwerfen nicht wagt, so gäbe das eine merkwürdige Vorstellung von der moralischen Kraft der österreichischen Regierung. Über den Volkscharakter der Wiener ist viel geschrieben worden. Es ist nicht gut, als Fremder darüber ein Urteil abgeben. Der Fremde kommt so sehr nur mit dem Teile einer Bevölkerung in Verbindung, der von ihm Vorteile zu ziehen hofft, daß es ihm leicht geschehen kann, wie den italienischen Reisenden, die Italiens Bewohner nur nach den Gastwirten und Postillionen beurteilen. Eine traditionelle Phrase ist die Gutmütigkeit der Wiener. Ich glaube aber, die Wiener von heute lächeln über diese Tradition. Sie wissen sehr gut, daß sie nicht mehr die alten Wiener sind, die wir in Vaudevilles und Wiener Possen auf der Bühne gesehen haben, die guten alten Schildbürger, die uns Bäuerle[6] in seinen jungen Tagen anziehend geschildert hat. Steht ein Humorist wie Castelli[7] nicht jetzt einsam in Wien? Die Zeiten haben sich verändert und mit ihnen die Menschen.«

Zit. nach: Das Vormärzliche Wien in Wort und Bild. Hrsg. von Hans Tietze. Wien: Schroll & Co., 1925. S. 98.

Aus der von Carl Glossy herausgegebenen Chronik »Wien 1840–1848«, Teil 2: »1845–1847«, Wien 1919, S. 83 f.:

Amtliche Chronik für Februar 1846.

Die Klagen über Teuerung der Lebensmittel, schmales Einkommen und schlechter Erwerb waren noch nicht verstummt, vielmehr tauchten mit Ende des Monates neue Anlässe der Befürchtungen und trübe Aussichten auf, manche Äußerung des Mißmutes wurde laut, mancher Tadel

6 Adolf Bäuerle (1786–1859) war der Gründer der »Wiener Theaterzeitung« (1806) und langjähriger Sekretär des Leopoldstädter Theaters. Er war der Vertreter der Altwiener Volkskomödie und Autor vieler Lokal- und Zauberpossen (Vorläufer Nestroys); er brachte zuerst die Figur des Parapluiemachers Staberl, eine typische Gestalt des Wiener Volksstücks, auf die Bühne.

7 Ignaz Franz Castelli (1781–1862) schrieb unter verschiedenen Pseudonymen rund 200 damals erfolgreiche, humoristische Unterhaltungs- und Modestükke; auch Bearbeitungen und Übersetzungen aus dem Französischen; von 1811 bis 1814 war er Hoftheaterdichter am Wiener Kärntnertortheater.

öffentlicher Anstalten und Vorkehrungen ließ sich vernehmen; allein, wer den Wiener kennt und die ihm eigentümliche Freiheit der Rede, mit der er gerne alles in den Kreis seiner Beurteilung und Kritik zieht, der weiß wohl, daß hier der Tadel nur das harmlose Ziel hat, die eigenen, vermeintlich überklugen Ansichten auszukramen, und daß gerade dieser redselige, anscheinend unzufriedene Sprecher im Grunde des Herzens ein treuer Untertan und wackerer Bürger ist, welcher keinen Augenblick anstehen würde, für Fürst und Vaterland die größten Opfer zu bringen. – Die erste Nachricht von den in Galizien ausgebrochenen Unruhen war, wenigstens für die großen Massen, so unerwartet gekommen, wie ein Blitzstrahl vom heiteren Himmel, noch während der Freuden des Karnevals, welchen man sich mit gewohnter Gemütlichkeit hingab. Indessen ließen sich die Wiener dadurch in den geselligen Vergnügungen nicht stören und es zeigte sich heuer ein um so regeres Leben, da viele Gäste aus den Provinzen zugereist waren, um die letzten Tage des Faschings in der Residenz zu verbringen. Theater und Tanzsäle waren zahlreich besucht, auch der höhere Adel veranstaltete glänzende Bälle. [...] Bei dieser Gelegenheit wurde abermals die Bemerkung hörbar, daß der hohe Adel die Meubles und die Ausschmückungen seiner Appartements immer im größeren Umfange vom Auslande beziehe, da derselbe doch auch von inländischen Fabrikanten und Handwerkern ebensogut und zu denselben Preisen bedient werden könnte. Das Publikum, besonders die Industriellen, nimmt diese, wie man versichert, völlig unbegründete Vorliebe für ausländische Erzeugnisse teils wegen der Zurücksetzung der eigenen Gewerbsinteressen, teils aus dem Grunde übel, weil einem bloßen Vorurteile der Mode zuliebe, bedeutende Summen dem Auslande zugeführt und der Belebung des inländischen Verkehres entzogen werden; auch meint man, daß bei dem verschwenderischen Aufwande, mit welchem der Liebhaberei für französische und englische Meublement gehuldigt werde, der Wohlstand oder mindestens der Reichtum mancher hochadeliger Familie auf dem Spiele steht. Wirklich sollen laut Nachrichten aus den Provinzen dort häufig Herrschaften und andere adelige Realitäten an Partikuliers[8] des Inlandes oder auch des Auslandes verkauft worden sein, welche letztere im ruhigen Österreich sich ein sicheres Besitztum zu verschaffen suchen. Hiesige Agenten hätten viele solche Geschäfte besorgt ... und selbst in Wien wären schon mehrere Realitäten des Adels in den Besitz von Privaten und Gewerbsleuten übergegangen ...

Ebd. S. 99 f.

ADOLF WIESNER in »Denkwürdigkeiten der österreichischen Zensur 1847«:

Zensur (1847).

Geheime, auch dem Zensurpersonale unbekannte Instruktionen zur Beaufsichtigung der Tagespresse.
Der Besuch der Mitglieder des Allerhöchsten Kaiserhauses in den Vorstadttheatern darf in hiesigen Journalen nicht angeführt werden. 29. Jänner 1846.
Die Benennung Sophiensaal ist nicht zulässig, und muß, wo sie vorkommt, in Sophien-Bad-Saal umgewandelt werden. 1. Jänner 1846.
Der Preis- oder Geldwert einer Sache darf in Journalen nicht erwähnt werden ...
Alle Eisenbahnen betreffende Artikel sind der Hofstelle vorzulegen ...
Alles was sich auf die Aufstellung des Monuments Sr. Majestät Franz II. bezieht, ist zu exhibieren (gesondert vorzulegen) ...
Aufsätze über Baden bei Wien sind stets zu exhibieren.
Auf Vermeidung persönlicher Ausfälle gegen das Wirken des Regiseurs am k. k. Hofoperntheater, Schober, ist stets billige Rücksicht zu tragen ...
Artikel, welche den Adel, das Militär oder dergleichen höhere Stände betreffen, sind stets der Polizeihofstelle zu exhibieren ...

Ebd. S. 101.

8 Partikulier: (wohlhabender) Privatmann, Rentier.

Der Diplomat Joseph Alexander Graf von Hübner (1811–92) in »Ein Jahr meines Lebens«:

Der Zustand Österreichs vor der Revolution.

Es war eine traurige Zeit. Am Throne Krankheit, neben dem Monarchen zwei Greise, deren einer, obgleich im vollen Besitz seiner Fähigkeiten, jeden Einflusses beraubt war; der neue Geist, welchen Franz I. mit allen Mitteln bekriegt hatte, in die höheren Kreise der Verwaltung einschleichend; die Regierungsgewalt stets mehr in die Hände kleiner Leute geratend, das heißt in die Hände einer immer noch ehrbaren und anständigen Bureaukratie, aber ohne Ansehen, ohne Einsicht, ohne Kompaß und bereits mehr oder weniger gewonnen für die Ideen, deren Bekämpfung ihr oblag. Obgleich ferner Donner den Heranzug des Sturmes verkündete, niemand, der es vermocht hätte, die Ratlosen in ein richtiges Gleis zu leiten, die Mutlosen zu beruhigen und zu ermannen. Kein Wort, das zu den Herzen sprach, zu den edlen Instinkten, zu den höhern Gefühlen der Nation. Nichts als Schweigen und Unbeweglichkeit.

Ebd. S. 101.

Karl Friedrich Graf Vitzthum von Eckstädt (1819–95) in »Berlin und Wien, 1847–1852«:

Die Märztage (1848).

Wien, 5. März 1848.

Hier herrscht eine trübe, unheimliche Stimmung in allen Kreisen. Wie ein Donnerschlag hat die Pariser Revolution die Dunkelheiten unserer Lage erhellt. – Die Vorstädte sollen in sehr gereiztem Zustande sein. Der kleinere Bürgerstand befindet sich in offenbarer Gärung. Die unheilvollsten Gerüchte zirkulieren. Es ist, als wär' es darauf abgesehen, den Staat demnächst zum Bankerott zu zwingen. Die Wechselbank der Banknoten war gestern fast bestürmt . . . Die Kaffeehäuser sind mit Neugierigen gefüllt. Die Zeitungen mit den Pariser Nachrichten werden Gruppen von zwanzig bis dreißig Personen vorgelesen. Räsonniert wird und »ge-

plauscht«, wie man hier sagt, fast wie in Berlin während des letzten Landtages. Die Mißstimmung ist allgemein, und ich fürchte nur, sie wird von oben nicht so erkannt, wie es not täte ... Das Fleisch ist um zwei Kreutzer aufgeschlagen, und vorgestern versammelte sich ein Volkshaufe auf dem Graben unter den Fenstern eines jüdischen Bankiers, der einen Ball gab; man solle nicht tanzen, hieß es, während das Volk kein Fleisch habe ... Unterdessen ist mit Gewißheit vorauszusehen, daß wir durch Ströme von Blut wandern werden.
Sonntag, den 12. März ... Salon Metternich. Ruhe und Sicherheit. Geringe Besorgnis ... Das Publikum sieht Demonstrationen entgegen. Erzherzog Ludwig will das Ständehaus besetzen lassen. Graf Montecuccoli rät ab. Es werden Vorsichtsmaßregeln getroffen. Graf Sedlnitzky wirbt tausend Mann für die geheime Polizei und beruhigt sich dabei.
Montag, 13. März. 8 Uhr. – Großer Zug der Studenten nach dem Ständehaus. Massen wohlgekleideter Menschen wogen in den Straßen.
10 Uhr. – Die Stände begeben sich in das Landhaus, zahlreicher denn je. Das Handbillett (mit leerer Versprechung) wird als ungenügend verworfen, ein Petitionsantrag aufgesetzt. Studentendeputation von zwölf Mitgliedern zerreißt Handbillett und Petition der Stände.
11 Uhr. – Wünsche des Volkes: 1) Preßfreiheit, 2) Lehrfreiheit, 3) Assoziationsrecht, 4) allgemeine Stände, verantwortliche Minister, 5) Öffentlichkeit, Mündlichkeit, Schwurgerichte.
12 Uhr. – Großer Zug. Montecuccoli an der Spitze der Studenten zieht in die Burg mit der ständischen Deputation. Zugleich gewinnt eine Bürgerdeputation Zutritt in die Burg. Unterdessen nehmen die Straßen ein bedrohliches Aussehen an. Volksredner gruppieren das Volk um sich. Die Läden sind teilweise geschlossen: Graben, Herrengasse, Schauflergasse. Vier Bataillone stehen an den Türen der Burg. Kanonen werden aufgefahren und geladen. Die Staatskanzlei mit Truppen umgeben. Der Schrei »Nieder Metternich« wird allgemein und Losungswort ...

Ebd. S. 101 f.

Franz Grillparzer:

Mein Vaterland.

(1. April 1848).[9]

Sei mir gegrüßt, mein Österreich,
Auf deinen neuen Wegen,
Es schlägt mein Herz wie immer gleich
Auch heute dir entgegen.

Was dir gefehlt zu deiner Zier,
Du hast es dir errungen,
Halb kindlich fromm erbeten dir
Und halb durch Mut erzwungen.

Die Freiheit strahlt ob deinem Haupt,
Wie längst in deinem Herzen,
Denn freier warst du, als man glaubt,
Es zeigten's deine Schmerzen.

Nun aber, Östreich, sieh dich vor,
Es gilt die höchsten Güter,
Leih nicht dem Schmeichellaut dein Ohr,
Und sei dein eigner Hüter!

Geh nicht zur Schule da und dort,
Wo laute Redner lärmen,
Wo der Gedanke nur im Wort,
Zu leuchten statt zu wärmen;

Wo längst die Wege abgebracht,
Die Kopf und Herz vereinen,
Und, statt der Überzeugung Macht,
Der Mensch ein grübelnd Meinen;

Wo Falsch und Wahr und Schlimm und Gut
Sie längst auf Formeln brachten,

9 Grillparzer reagierte mit diesem Gedicht auf den Aufstand in Wien vom 13. bis zum 15. März 1848. Vgl. das Tagebuchzitat in Kap. I, Anm. zu 3,31. Grillparzer zur Revolution 1848: »Meine Erinnerungen aus dem Revolutionsjahr 1848«, in HKA I,16.

Rasch wechselnd die erlogne Glut
Gleich bunten Kleidertrachten;

Wo selbst die Freiheit, die zur Zeit
Hinjauchzt in tausend Stimmen,
Halb großgesäugt von Eitelkeit
Und von der Lust am Schlimmen.

Bleib du das Land, das stets du warst,
Nur Morgen wie sonst Abend,
Die Unschuld, die du noch bewahrst,
An heiterm Sinn erlabend.

Denn was der Mensch erdacht, erfand,
Als Höchstes wird er finden:
Gesund natürlichen Verstand
Und richtiges Empfinden.

Grillparzer: Gedichte. S. 82 f.

III. Wirkungsgeschichte der Erzählung

1. Dokumente zum »Armen Spielmann«

ADALBERT STIFTER (1805–68) war einer der wenigen unter Grillparzers Zeitgenossen, der die Bedeutung des »Armen Spielmanns« sofort erkannt hatte. Seine Anzeige in der »Augsburger Allgemeinen Zeitung« vom 6. September 1847 ist die erste Rezension dieser Erzählung überhaupt. Grillparzers Text erschien zusammen mit Stifters Novelle »Prokopus« in dem Taschenbuch-Almanach »Iris für das Jahr 1848«; der Verleger der »Iris« war Gustav Heckenast. STIFTER an Heckenast im Juli 1847:

»Ich werde in der [Augsburger] allgemeinen Zeitung Grillparzers Novelle für die Iris 1848 vorläufig anzeigen, und auf deren hohen Wert hinweisen, mittelst dessen sie alles übertrifft, was die neue Zeit in diesem Fache hervorgebracht hat. Hier ist menschliche Größe in dem schwächsten zerbrechlichsten Gefäße, und wenn andere ihre Helden recht groß machen, oder überhaupt ihr sogenanntes *Großes* schildern wollen, so können sie nicht genug Gebirgszüge von Kröpfen und Höckern anbringen, und nicht schnell genug den Menschenverstand über Bord werfen, damit es nicht alltäglich und klein sei. Jede *Größe* ist einfach und sanft, wie es ja auch das Weltgebäude ist, und jede Erbärmlichkeit poltert wie Pistol in Shakespeare [Gestalt aus »König Heinrich IV.«, 2. Teil], und die Unkraft lärmt auch und schlägt um sich, wie es die Knaben in ihren Spielen tun, wo sie Männer darstellen.«

Adalbert Stifters Leben und Werk in Briefen und Dokumenten. Frankfurt a. M.: Insel Verlag, 1962. S. 185. Nr. 120.

Kunst- und Litteraturbriefe aus Wien:

I.

Wien, Ende Aug. Grillparzer hat dem Jahrgang 1848 des Taschenbuches Iris eine Erzählung gegeben, die ich aus den Correcturbogen des im Drucke befindlichen Taschenbuches gelesen habe. Sie heißt: »Der arme Spielmann.« Ich glaube nicht zu irren, wenn ich behaupte daß diese kleine Erzählung – sie umfaßt ungefähr vier Bogen – ein Meisterwerk ist. Ungleich der neueren Art zu erzählen, nämlich immer spannend, geistreich und besonders seyn zu wollen, schließt er sich vielmehr der ältern Schule an. Ganz schlicht und unscheinbar beginnt die Erzählung, nichts anderes als die Sachen gebend: aber wenn man eine Weile gelesen hat, dann geht man in dem ruhigen gehaltenen, und ich möchte sagen, goldenen Strome fort. Diese Kraft sich von jeder Manier fern zu halten ist in unsern Tagen um so seltener, weil nicht bloß Manirirtheit Mode geworden ist, sondern weil es auch überhaupt sehr schwer ist innerlich so groß zu seyn, daß man diese Große nur hingeben darf und der Wirkung auf tiefe Gemüther sicher seyn kann. Die Unbedeutenheit, wenn sie einfach seyn will, wird es nicht, sondern sie wird bloß leer. Mit diesem äußern Vorzug der edlen Form, der in unserer Zeit wahrhaft eine Tugend genannt werden kann, verbindet sich aber auch als belebende Seele des schönen Körpers das was die künstlerischste Wesenheit eines Werkes ausmacht, nämlich alles das weßhalb wir die Seele des Menschen höher stellen als jedes Ding dieser Erde, weßhalb wir die Dinge schätzen, die Seele aber lieben müssen. Ueber scheinbar sehr ungefügige, ja fast widerstrebende Verhältnisse ist ein solcher Duft eines Seelenlebens ausgegossen, daß man allmählich hineingezogen wird, daß sich eine edle Rührung in unser Herz schleicht und daß man am Schlusse die beruhigendste sittliche Auflösung und eine lohnende Erhebung empfindet. In der Kindlichkeit dieser Dichtung liegt es wieder so klar was uns aus den Schöpfungen der größten Künstler entgegentritt und was selber in der Unschuld und Majestät des Weltalls liegt, daß alle Kraft, alle Begabung, selbst der schärfste Verstand nichts ist gegenüber der Einfalt sittlicher Größe und Güte. Dieses letztere ist der höchste Glanz und die höchste Berechtigung des menschlichen Geschlechts. Wenn es ein Dichter durch Zusammenstellung menschlicher Handlungen oder durch Darstellung eines menschlichen Charakters recht klar und recht einfach vor uns entstehen lassen kann, so hat er ein Meisterwerk geliefert und bindet unser Herz mit goldenen Ketten an sein Werk. Kann er das nicht, so mag er die außerordentlichsten Begebenheiten zusammenstellen, er mag die verschiedensten Kräfte und Leidenschaften in uns aufregen, und es wird ihm doch nicht gelingen unser Herz mit Verehrung, Bewunderung und Liebe an sein Werk zu fesseln: die Schönheit der menschlichen Seele und die Wirkung seines Werkes werden immer weit auseinanderliegen. Daher kommt die Erscheinung daß uns ein Dichter mit ganz gewöhnlichen Ereignissen, die sich alle Tage zutragen, entzückt, und ein anderer mit den schauerlichsten Thatsachen und den seltsamlichsten Handlungen uns kaum berührt oder gar widrig erkältet. Die einzige künstlerische Todsünde ist die gegen die ursprüngliche Gottähnlichkeit der menschlichen Seele. Freilich liegt auf der andern Seite wieder der Fehler nahe, statt jene Ursprünglichkeit der Menschheit vor uns entstehen zu lassen, ein sittliches Wörterbuch oder Verhaltungsregeln zu geben, was ebenfalls kalt läßt, weil wir da nicht das einfache Seyn eines menschlichen Geistes sehen, sondern die willkürlichen Abstractionen die sich ein anderer daraus gemacht hat. Wenn sich jemand in diese sittliche Ursprünglichkeit und Einfalt nicht mehr finden kann, weil ihm das Verkehren mit dem bloß Stofflichen, mit den Mitteln die ursprünglichen Zwecke verrückt hat oder wenn jemanden diese Begabung überhaupt versagt ist, so wird ihm Grillparzers Dichtung nicht gefallen, ja sie muß ihm mißfallen, weil so manche Kräfte des Helden, gegenüber seiner Innerlichkeit, in Unentwicklung oder seltsamer Zerwürfniß sind, was aber gerade für den Empfindenden den Reiz so unaussprechlich hold macht.

»Augsburger Allgemeine Zeitung« vom 6. September 1847. Nr. 249. Beilage.

Die HKA gibt verschiedene zeitgenössische Rezensionen zum »Armen Spielmann« wieder: HKA I,22 (Apparat zu HKA I,13, »Prosaschriften« I), S. 63–79; HKA II,11 (»Tagebücher und literarische Skizzenhefte« V), S. 322 f. (mit einer Replik Grillparzers auf die Rezension von Sigmund Engländer: HKA II,11,174, Nr. 3979).
In diesen publizistischen Würdigungen der Erzählung wird – neben mehr oder weniger detaillierten Inhaltsangaben – mit besonderer Genugtuung vermerkt, daß Grillparzer nach langem Schweigen wieder mit einem Werk an die Öffentlichkeit getreten ist. Kritische Rezensionen kreisen vor allem um die Frage, ob die Figur des armen Spielmanns Jakob geeignet sei, unsere Aufmerksamkeit zu verdienen. Die Kritik richtet sich dabei vor allem gegen sein unbeholfenes Musizieren und gegen seine Unzulänglichkeit in Lebensverhältnissen. Gerade das Unheldenhafte am ›Helden‹ Jakob wird verworfen. Generell wird man sagen dürfen, daß diesen Rezensionen das Eigentümliche von Grillparzers Prosatext und Erzählkunst verborgen geblieben ist. Stifters Anzeige bleibt eine Ausnahme. Es wurden deshalb nur die wichtigsten zeitgenössischen Zeugnisse im folgenden aufgenommen.

In einem Brief an Emil Kuh (s. S. 127) vom 3. August 1863 berichtet der Journalist und Schriftsteller Hieronymus Lorm (1821–1902) von seinen verschiedenen Leseerfahrungen mit dem »Armen Spielmann«. Eingangs bedankt er sich für die Übersendung der Erzählung durch Emil Kuh:

»Ich empfing das Paquet gestern Mittags aus den Händen meines guten Bruders [. . .] und da ich im Sommer um 10 zu Bette zu gehen pflege, wollte ich vor dem Entkleiden nur noch an den Titeln der gesendeten Bücher naschen. Der Anfang des ›Spielmanns‹ war für mich eine Reminiscenz, die ich Ihnen gleich erklären werde, und die mich weiter leitete. Nun mußte ich gleich die ganze Erzählung lesen, und wäre es mir nicht Bedürfnis, ein Wort darüber zu sagen, so könnten Sie den Eindruck auf mich schon der Thatsache entnehmen, daß ich, zur letzten Zeile gekommen, mit der ersten wieder anfing und unmittelbar das Ganze langsam zum zweitenmale las. Ja, das ist ein Kunstwerk, eines von jenen, die mit dem Schicksal, zu leben, wenigstens für Augenblicke versöhnen. Noch im Bette war ich aufgeregt davon, und ich dachte, wie jung man im Kunstgenuße wird; eine solche Bewegung hätte ich in mir nicht mehr möglich geglaubt, nachdem es bereits 15–20 Jahre sind, daß mir ähnliche Bewegungen von schönen Mädchen edler Natur verursacht wurden. Klarer als in diesem kleinen Meisterwerk, welches eine Zierde der Literatur ist, kann der schöpferische Gedanke des Dichters nicht zur Anschauung kommen. Denn das Leben legte hier der Kunst nichts als zwei Mollusken in die Hände, aber wie des Dichters Blick sie trifft, werden sie unter ihm Gestalten ewigen Daseins; aus dem Verkrusteten und Verkrüppelten, aus dem Einfältigen und Rauhen, vor Allem aus dem Unbewußtsein bricht der Strom goldenen Lebens hervor, des wahren, unsagbaren Lebens, für das selbst der Dichter kein Wort hat, sondern eben nur solche Gestalten, die Macht, sie zu sehen, d. h. zu schaffen.

Es ließe sich Vieles über diese Dichtung sagen, auch in technischer Beziehung auf Meisterzüge hinweisen; wir Selbstproduzirenden, Sie und ich bewundern eben an einem Gunkel'schen Rock auch die Art, wie die Knöpfe angenäht sind, was andere gar nicht wissen, die nicht selber schneidern. Ich bin leider nicht der König von Baiern, d. h. ich darf meinem Herzensgelüste nicht folgen, Ihnen einen unhonorirten Artikel über das Werk zu schreiben, namentlich in diesem Augenblicke, da unbeschriebene Bogen vor mir liegen, deren weiße Unschuld zum Himmel aufschreit um Geschriebenes, das honorirt wird. In der Eile kann ich Ihnen jedoch die Genesis meines Verhältnißes zu diesem Spielmann mittheilen. Er erschien etwa November 1847 auf dem Ladentisch des Buchhändlers Alexander Duncker in der Französischen Straße in Berlin, meines spätern Verlegers, bei dem ich in früher Winter-Abenddämmerung rasch eh' es ganz finster wurde, was stets der Fall war, wenn die Lampe des Ladens brannte, die Novitäten durchblätterte. Damals wurden meine ›Schwingen‹ gerade in Leipzig gedruckt und ich war in grimmiger Julian Schmidt[1]-Erboßung gegen die ›Vaterländischen‹.

1 Julian Heinrich Schmidt war ein bedeutender Literaturhistoriker des 19. Jh.s. Hauptwerke: »Geschichte der deutschen Nationalliteratur im 19. Jahrhundert« (1853), »Geschichte der deutschen Literatur seit Lessings Tod« (1858).

Nachdem ich zwei Seiten des ›Spielmann‹ gelesen, legte ich das Buch weg mit dem deutlichen Gefühl, daß nur der Seiden-Einband und der Goldschnitt mich hinderte, es unter den Tisch zu werfen. Bei der gerechten liberalen Entrüstung, die damals in mir kochte, wie mußte mir ein so friedsames Buch erscheinen! Und mein Gedanke mochte ungefähr gewesen sein: jetzt ist auch der Gr[illparzer] dahin gekommen, den Brigittenauer Kirchtag zu besingen, Gottlob doch nur in Prosa.
Das Krankhaft-Schreckliche jener Zeit war, daß sie eine moralische Berechtigung gab, Kunstwerke anzuspeien. Zum Glück oder zum Unglück waren nicht häufige Veranlaßungen zu dieser Sünde vorhanden.
Mit dieser Reminiscenz begann ich die Geschichte; im Bette dachte ich, ob sie nicht als eine Allegorie jener Zeit aufzufaßen wäre: der Spielmann, österreichische Poesie, die es zu keinem gesunden, verständlichen Ausdruck bringt, die sich nur immer selbst vernimmt, in sinnlosem Wohllaut schwelgt und von der contrapunktlichen Nothwendigkeit der Dissonanzen keine Ahnung hat; Barbara aber, das derbe Volksthum, das nicht zu der ihm bestimmten freien und freudigen Thätigkeit kömmt? Aber mit dieser Auffaßung wäre doch einer frivolen politischen Genugthuung das Kunstwerk geopfert.«

HKA I,22,73 f.

Am 15. Januar 1870 schreibt der Publizist Emil Kuh (1828–76) über »Wien und Österreich in Grillparzers Dichtung« im Feuilleton der Wiener »Neuen Freien Presse«:

»Gr[illparzer] sei in der Wiener Umgebung ein ›musikalischer‹, kein eigentlich tragischer Dichter geworden, von dem ›musikalischen Athem‹ Wiens angeweht, auch von der ›musikalischen Sorglosigkeit‹ dieser Stadt zehrend; ›etwas von der Hingebung, Weichheit und Fügsamkeit der Musikanten‹ sei in ihn übergegangen. ›Wie wonnig versenkt sich sein „armer Spielmann“ in die Gnade des Tones und Klanges, wie rühmt er dieses Himmelsgebäude, wie er es nennt, ohne Mörtel verbunden und gehalten von Gottes Hand! „Die Rede ist dem Menschen nothwendig, wie Speise; man sollte aber auch den Trank rein erhalten, der da kommt von Gott!" ... Im „armen Spielmann" webt die Stimmung Wiens das wunderbarste Netz, hier schlägt auch der musikalische Dichter vor. Wer diesem heruntergekommenen Hofrathssohn ins Auge gesehen hat, wenn er beinahe gottesdienstlich seine Geige streicht, mit der er sich den Lebensunterhalt zusammenfiedelt; wer ihn hat erzählen hören, wie er sein ganzes Leben liebenswürdig verzettelt, einfach weil er stets den rechten Moment versäumt; wer sein Hinschmachten an der Musik begriffen hat, die er nur empfinden, nie durch die Macht des Könnens sich wirklich aneignen kann, der weiß auch schon, daß hier der leibhaftige Wiener vor ihm steht, mit seiner Sorglosigkeit und Schwäche, mit seinen dahinträumenden Wünschen und Neigungen. Und die Züge und Eigenthümlichkeiten des armen Spielmanns sind, wie dies in echt dichterischen Bildern immer geschieht, so wundersam mit den Zügen und Eigenthümlichkeiten des schaffenden Künstlers verwebt, daß wir nicht genau unterscheiden können, wo die Entwicklung des Durchschnitts-Wieners und die Entwicklung Gr[illparzer]s, welcher die Blüthe unserer Zustände verkörpert, ineinanderfließen oder sich von einander trennen.‹«

HKA I,22,75 f.

Paul Heyse (1830–1914) – der Autor, Theoretiker und Sammler von Novellen – besuchte Grillparzer im Winter 1861. Schon 1858 hatte er sich im Literaturblatt des »Deutschen Kunstblattes« für Grillparzer lebhaft eingesetzt. In den sechziger Jahren erfolgte noch ein zweiter Besuch. Am 4. Juni 1870 schreibt Heyse aus München an Grillparzer:

»Seit meinem ersten Besuch in Wien [Winter 1861], wo die Freunde mich auf Ihren ›armen Spielmann‹ in der Iris von 1848 aufmerksam machten, hat es mich wahrhaft gekränkt, dieses einzige Kabinetsstück an einem so wenig zugänglichen Ort gleichsam versteckt zu wissen, und nicht der letzte

Antrieb zu unserem Unternehmen [einer Sammlung aller wertvollen Novellen in einem ›Deutschen Novellenschatz‹, mit Hermann Kurz zusammen] war der Wunsch, einen solchen Fund möglichst Vielen zugänglich zu machen. Darf ich nun hoffen, daß Sie uns die Erlaubniß freundlich ertheilen werden, die Novelle uns anzueignen? Der Verleger der Iris hat, so viel ich weiß, kein eignes Recht an die einzelnen Beiträge. Vielleicht aber haben Sie inzwischen selbst schon wieder darüber verfügt, und für diesen Fall wäre es uns vom höchsten Werth, auch die Zustimmung des neuen Verlegers durch Ihre gütige Vermittlung zu gewinnen. Einer jeden Novelle sollen kurze Notizen über den Verfasser, eine gedrängte Charakteristik, vorangehen, in denen wir, was den meisten Verlegern freilich wichtiger als dem Ihren ist, auch unsere Quellen angeben werden.«

HKA I,22,76.

Grillparzer antwortet am 16. Juni 1870 in einem Brief aus Baden bei Wien:

»Was den Wiederabdruck der Novelle ›Der alte [!] Spielmann‹ betrifft, so steht dem im Wege, daß die mir nächst Stehenden verlangen, daß ich eben diese Novelle zugleich mit dem dramatischen Fragmente Esther und (zur Raumausfüllung) mit noch einer andern Almanach-Novelle in einem eignen Bändchen drucken laßen soll. Und dieses zwar des Fragmentes Esther wegen, das wunderlicher Weise in der Aufführung auf dem Theater großes Glück gemacht hat, ... Ich bin dem Plane sehr entgegengesetzt, werde aber doch schwerlich aushalten können.«

HKA I,22,76.

Am 11. Juni 1871 kommt Heyse nach Übersendung der ersten drei Bände des »Deutschen Novellenschatzes« nochmals auf den »Armen Spielmann« und seinen Wiederabdruck zu sprechen:

»Noch immer kann ich mich nicht darein finden, daß wir gerade die Novelle darin missen sollen, die mir zuerst den

Gedanken dieser Sammlung eingab, da sie so Wenigen zugänglich war. Wie ich höre, haben Sie Ihr Vorhaben, einen Band verschiedener Dichtungen, darunter auch den Spielmann, herauszugeben, ins Unbestimmte vertagt. Wenn das auf Ihren damaligen Entschluß zu unseren Gunsten ändernd eingewirkt haben sollte, würden Sie wahrhaft glücklich machen Ihren ...«[2]

HKA I,22,78.

Auch Gottfried Keller (1819–90) äußert sich in einem Brief vom 10. September 1871 an Emil Kuh beeindruckt über den »Armen Spielmann«: »Es liegt ein tiefer Sinn in der scheinbar leichten Arbeit: die Gewalt der absolut reinen Seele über die Welt« (Gottfried Kellers Leben. Seine Briefe und Tagebücher, hrsg. von Jakob Baechtold, Bd. 3: 1861–1890, Berlin ³1897, S. 72).

Die Schriftstellerin Betty Paoli (1815–94) – Mitarbeiterin der »Iris« – bemerkt in ihrem Feuilleton »Studie über Grillparzer« in der Wiener »Neuen Freien Presse« vom 7. und 8. April 1872 über die Erzählung:

»Die [...] Erzählung [...] ist ein Meisterwerk, eine Perle vom reinsten Wasser. Trotz ihres geringen Umfangs entfaltet sich in ihr ein Erzählertalent von solcher Macht, Lebendigkeit und psychologischer Vertiefung, daß man es kaum verschmerzen kann, die reichen Spenden, womit es uns hatte erfreuen können, auf diese Eine, freilich wunderköstliche, beschränkt zu sehen.«

HKA I,22,78 f.

Hugo von Hofmannsthal (1874–1929) in den »Notizen zu einem Grillparzervortrag« (1904):

»Was ist die Signatur von Grillparzers Leben? – sich selber nicht besitzen. Seine Gaben wechseln, alle Fertigkeiten

2 Die Erzählung wurde schließlich am Ende von Band 5 des »Deutschen Novellenschatzes« abgedruckt; vgl. Kap. III,2.

schwinden [...] Hier ist nun das Geheimnis dieses Lebens. Er suchte die Form nicht im Leben, sondern durchs Leben hindurch, nicht wie die Romantiker in der Nacht, im Wandern, im Halbtraum, sondern in der süßen Harmonie des Daseins.
Wir sind nur Tasten, auf denen eine ungeheure Melodie gespielt wird. – Auch er wollte auf sich nicht den Goethe spielen sondern den lieben Gott. (Er verzichtete, seine plastische Kraft auf sein Leben wirken zu lassen. Eine Art Keuschheit, Schamhaftigkeit.) [...]
Grillparzer macht sich Musik wie der arme Spielmann: webt das Geheimste hinein, sagt sich: in primitiven Akkordfolgen liegt eine mystische Süßigkeit: es gibt das Süße. – Es gibt in der Musik Momente, die das Besitzen und das Sich-Versagen eines Weibes zugleich ausdrücken. – Die Musik war ihm die Poesie der Poesie. [...]
Kernpunkt: Begriff *Besitz*. Sich besitzen, sich genießen; ein Weib besitzen, ein Weib genießen.
Wurzel seines Talentes: das Gefühl für Harmonie [...] alle andern Wege verschmähen zu wollen, [...] wie einen heißen Quell es rein aus den Eingeweiden der Erde hervorzuspülen ... – So im Gedicht: nicht den Dunstkreis erst herstellen, geradezu mit dürren Worten das Unsagbare sagen zu wollen, welch ein Künstlerstolz darin. – Direkt: in dem Haus des Lebens die Tür der Poesie finden zu wollen. – (Spiegelbild der arme Spielmann, den die nota sensibilis *an sich* freut aufsteigen zu lassen.) [...]
Im Verschmelzen des Sinnlichen und des Seelischen ist er Meister: er wollte das Seelische direkt durch das Sinnliche geben. Das macht auch die Einzigkeit seiner Ästhetik aus.«

Hugo von Hofmannsthal: Gesammelte Werke. Prosa II. Frankfurt a. M.: S. Fischer, 1959. S. 76–78.

Hugo von Hofmannsthal sah in seiner Betrachtung über »Grillparzers politisches Vermächtnis« (1915) in dem Dichter eine charakteristische Ausprägung des österreichischen Wesens und Bewußtseins, eine repräsentative Spiegelung eines Volkes in einer Person. In den politischen Studien und Dramen Grillparzers erscheinen der Herrscher und das Volk als die politischen »Hauptmächte«:

»Ihn [Grillparzer] trieb ein tiefer Sinn, sich wechselweise in beide zu verwandeln: er war in seinem Wesen Volk und war in seinen Träumen Herrscher. In beiden Verwandlungen entwickelte er das Besondere, Starke, Ausharrende seiner österreichischen Natur.
Vielleicht darf man hier zwei Gestalten etwas überraschend zusammenstellen: Rudolf II. und die Frau aus dem Volke im ›Armen Spielmann‹, die Greislerstochter. Beide zusammen geben symbolisch Grillparzers Österreich. Sie sind beide von starker und tiefer Natur, geduldig, weise, gottergeben, unverkünstelt und ausharrend. Beide sind sie scheu und gehemmt; beide bedürfen sie des Mediums der Liebe, um von Menschen nicht verkannt zu werden, aber mit Gott und der Natur sind sie im reinen.«

Hugo von Hofmannsthal: Gesammelte Werke. Prosa III. Frankfurt a. M.: S. Fischer, 1964. S. 254 f.

Hugo von Hofmannsthal in seiner »Rede auf Grillparzer«, gehalten bei der deutschen Grillparzer-Gedenkfeier zu Hannover, den 7. Mai 1922:

»Grillparzers Figuren ziehen uns leise aber unwiderstehlich in sich, und sie scheinen es nicht zu wollen – es ist, als wollten sie sich an uns vorüberdrücken. Wer denkt nicht, indem ich dieses ausspreche, an den armen Spielmann. Aber ist nicht die Esther [vgl. das ›Esther‹-Fragment] genau so [...] Bei Rudolf II. aber scheint es allen, als wollte die Welt über ihn hinweg: er aber weiß, sie kann nicht. So ist hier die Natur darin nachgeahmt, worin ihr nachzuahmen am schwersten ist: in ihrer Bescheidenheit. [...]
Der Gemütszustand dieser drei letzten Figuren – der Kaiser [Rudolf II.], der Spielmann, die Seherin [Libussa] – gehört zu denen, die sich nicht umschreiben lassen: denn es wohnt ihm das Schöpferische inne, das der Einordnungen spottet. Diese

Figuren sind Heilige, Wissende und Liebende, nicht nach den Maßen des Alltags, noch nach den Maßen derer, die alles mit Worten wie mit Zahlen zu messen meinen, sondern nach den bleibenden Maßen der Dichter. [. . .] Es sind Gestalten ohnegleichen in der deutschen Literatur, und nicht nur in der deutschen. Sie scheinen weniger oder mehr gedichtet als fast alle großen erdichteten Gestalten, die wir kennen. Sie leben völlig für sich und doch scheinen sie nicht gänzlich abgetrennt von ihrem Schöpfer: er lebt und leidet noch im Geist mit ihnen, und darum bezaubern sie uns mit seiner ganzen Macht.«

Hugo von Hofmannsthal: Gesammelte Werke. Prosa IV. Frankfurt a. M.: S. Fischer, 1955. S. 121 ff.

Thomas Mann (1875–1955) in seiner »Huldigung für Grillparzer« zum fünfzigsten Todestag in der Wiener »Neuen Freien Presse« am 22. Januar 1922:

»Es bleibt nichts übrig, als mich hastig noch an ein paar beglückende Momente in seinem Werk zu erinnern, meine Leser daran zu erinnern: an die heiligen Sätze des Priesters in ›Des Meeres und der Liebe Wellen‹ über Sammlung und Zerstreuung; an etwas so groß Bewegendes wie die Abschiedsworte des sterbenden Kaisers in der Historie vom ›Bruderzwist im Hause Habsburg‹ [. . .] An die edle Erzählung vom ›Armen Spielmann‹, um noch irgend etwas zu nennen, worin dem Munde phantastischer Einfalt Worte zu Ehren der Musik entströmen, wie sie schöner und frommer niemals gefunden wurden.«

Thomas Mann: Gesammelte Werke in zwölf Bänden. Bd. 10: Reden und Aufsätze 2. Frankfurt a. M.: S. Fischer, 1960. S. 427.

Franz Kafka (1883–1924) hat sich mehrfach in Briefen und in seinen Tagebüchern mit Grillparzers Erzählung auseinandergesetzt; seine Notizen sind auch weithin Selbstinterpretationen:

»9. August [1912].
Mein aus Eingebungen fließendes Vorlesen des ›Armen Spielmann‹. – Die Erkenntnis des Männlichen an Grillparzer in dieser Geschichte. Wie er alles wagen kann und nichts wagt, weil schon nur Wahres in ihm ist, das sich selbst bei widersprechendem Augenblickseindruck zur entscheidenden Zeit als Wahres rechtfertigen wird. Das ruhige Verfügen über sich selbst. Der langsame Schritt der nichts versäumt. Das sofortige Bereitsein, wenn es notwendig ist, nicht früher, denn er sieht alles längst kommen.«

Franz Kafka: Tagebücher 1910–1923. Hrsg. von Max Brod. Frankfurt a. M.: S. Fischer, 1967. S. 201. –

An Grete Bloch (15. 4. 1914):

»Der ›arme Spielmann‹ ist schön, nicht wahr? Ich erinnere mich, ihn einmal meiner jüngsten Schwester vorgelesen zu haben, wie ich niemals etwas vorgelesen habe. Ich war so davon ausgefüllt, daß für keinen Irrtum der Betonung, des Atems, des Klangs, des Mitgefühls, des Verständnisses Platz in mir gewesen wäre, es brach wirklich mit einer unmenschlichen Selbstverständlichkeit aus mir hervor, ich war über jedes Wort glücklich, das ich aussprach. Das wird sich nicht mehr wiederholen, ich würde niemals mehr wagen, es vorzulesen.«

Franz Kafka: Briefe an Felice und andere Korrespondenz aus der Verlobungszeit. Hrsg. von Erich Heller und Jürgen Born. Mit einer Einl. von Erich Heller. Frankfurt a. M.: S. Fischer, 1967. S. 551. –

An Grete Bloch (12. 5. 1914):

»Er [der arme Spielmann] war doch ein fürchterlicher Mensch; wenn sich unser Unglück von uns loslösen und frei umhergehen würde, es müßte ihm ähnlich sehn, jedes Unglück müßte ihm ähnlich sehn, er war lebendiges, abzutastendes Unglück.«

Ebd. S. 574.

Etwa sieben Jahre später:

»Was Du über den ›armen Spielmann‹ sagst, ist alles richtig. Sagte ich, daß er mir nichts bedeutet, so war es nur aus Vorsicht, weil ich nicht wußte, wie Du damit auskommen würdest, dann auch deshalb weil ich mich der Geschichte schäme, so wie wenn ich sie selbst geschrieben hätte und tatsächlich setzt sie falsch ein und hat eine Menge Unrichtigkeiten, Lächerlichkeiten, Dilettantisches, zum Sterben Geziertes (besonders beim Vorlesen merkt man es, ich könnte Dir die Stellen zeigen) und besonders diese Art Musikausübung ist doch eine kläglich lächerliche Erfindung, geeignet, das Mädchen aufzureizen alles was sie im Laden hat im höchsten Zorn, an dem die ganze Welt teilnehmen wird, ich vor allen, der Geschichte nachzuwerfen, bis so die Geschichte, die nichts besseres verdient, an ihren eigenen Elementen zugrundegeht. Allerdings gibt es kein schöneres Schicksal für eine Geschichte als zu verschwinden und auf diese Weise. Auch der Erzähler, dieser komische Psychologe wird damit sehr einverstanden sein, denn wahrscheinlich ist er der eigentliche arme Spielmann, der diese Geschichte auf möglichst unmusikalische Weise vormusiciert, übertrieben herrlich bedankt durch die Tränen aus Deinen Augen.«

Franz Kafka: Briefe an Milena. Erweiterte und neu geordnete Ausgabe. Hrsg. von Jürgen Born und Michael Müller. Frankfurt a. M.: S. Fischer, 1983. S. 108 f. –

Die Interpretation von Ernst Alker (1895–1972), die auch ein detailliertes Handlungsschema enthält, hebt die autobiographische Abhängigkeit hervor und sieht in Grillparzers Erzählung eine Form von literarischer Selbstvernichtung:

»*Der arme Spielmann* ist Grillparzers offenstes Geständnis, unendlich erschütternd, weil es erklärt, er wäre ein Halber, ein Gescheiterter. In einem Erzählungsfragment (Grillparzers *Ges. Werke, hgb. v. St. Hock*, T. 10, S. 304) sagt Fixlmüller, der mit Grillparzer identisch ist: ›Ich bin überzeugt, daß ich keine Anlage zum Dichter habe‹. Später heißt es: ›F. will sich sehr oft erschießen, hat aber nie den Mut dazu.‹ *Der arme Spielmann* ist eine Selbstvernichtung, gestaltet mit allen Mitteln kennerischer Selbstverachtung, durchflossen von allen Melodien einer Sehnsucht, die längst gelernt hat, zu verzichten: sie mengt abgrundtiefe, hoffnungslose Verzweiflung mit milder Resignation, mit amor fati. Und trotzdem herrscht da eine Entschlußlosigkeit, die weder zur völligen Weltüberwindung noch zum Versuche äußerer Welteroberung führt; der Schmerz darüber ist als Ausdrucksform durch und durch ironisiert.

Diese Erzählung ist voll tiefer Trauer, aber nicht voll starker Tragik.«

Ernst Alker: Komposition und Stil von Grillparzers Novelle »Der arme Spielmann«. In: Neophilologus 11 (1926) S. 17 f.

Der dem George-Kreis verbundene Literaturhistoriker Friedrich Gundolf (1880–1931) hat in seiner Grillparzer-Studie aus dem Jahre 1931 in dem österreichischen Dichter den genialen Epigonen der klassischen europäischen Literatur gesehen: Shakespeare, Calderón, Goethe und Schiller bezeichneten Stationen seiner Herkunft. Zum »Armen Spielmann« bemerkt Gundolf:

»Der arme Spielmann ist die Frucht seiner [Grillparzers] Altersreife, ein Werk wenn nicht der Weisheit, so doch der Grillparzerschen Weisheit aus Wehmut, Verzicht und wehrloser Güte. Da das Alter sein eigentlicher Lebenszustand war, so hat er – wie als Dramatiker – auch als Erzähler seine echteste Leistung geschaffen, nachdem er ganz ›zu sich selbst‹ gekommen war, ledig der jugendlichen Träume, die er bekrittelte und der männlichen Spannungen, die er verwünschte. [...] Im Wiener Dunstkreis, mit der bis ins Elend hinein aus Schlamperei doch fast freundlichen Helle, zeigt hier Grillparzer ein Wesen, worin Züge des deutschen Träumers – Parcival, Simplex, Walt – sich mischen mit Zügen des bresthaften Heiligen, wie sie Dostojewskis Idiot verklärt. Wie Grillpar-

zer als Dramatiker durch Kritik und Zersetzung des Heroenkultus und durch liebevolle Verherrlichung der Mühseligen und Mißratenen ein Vorläufer des modernen Mitleidsnaturalismus ist, so arbeitet er auch als Erzähler solchen russischen Neigungen vor, der slavischen Weichheit und leidenswilligen Demut ... vielleicht mehr als Österreicher denn als Christ. Mehr deutsch als russisch ist die sachliche, unschwelgerische Art, womit er seinen liebenswerten Kauz, halb Genie des Herzens, halb Trottel zeichnet. Er hat dieser Gestalt seine eignen Schüchternheiten und Versponnenheiten liebevoll steigernd – zugleich karikierend und idealisierend – mitgegeben. [...]
Unter den Dichtungen, die das arme Dasein verklären (nicht das tragische, furchtbare oder leidvolle), ist Grillparzers späte Novelle eine der ersten und bis heute der schönsten. Erst das 19. Jahrhundert hat Poesie in den ›Armen im Geiste‹ grundsätzlich gezeigt. Grillparzer läuft um ein Menschenalter den naturalistischen Elends- und Trübsinnsbildern des Flaubert, Zola, Maupassant, Tolstoj, Dostojewski, Hamsun, Hauptmann vor, doch ohne ingrimmige Lust des absoluten Schilderns, ohne Seelenfühlerei und -wühlerei, ohne soziale Tendenz ... abendlich noch beglänzt von den letzten Strahlen der Goethischen Humanität, doch schon ohne die romantische Freude am Idyll, ohne die Jean Paulische, Eichendorffische Poetisierung der Armut und der Bedürfnislosigkeit. Das Schicksal der Enterbten, Glücklosen und Verkommnen nimmt er schon unempfindsam ernst, ohne Aufschönung mit unbarmherzigem Beobachterauge, mit-leidend, doch zugleich gelassen quietistisch, ohne Anklage gegen Gott oder Staat oder Gesellschaft (wie sie in deutscher Dichtung zuerst einige Dramen von Lenz erheben), ohne jeden aus der dichterischen Darstellung herausredenden Zweck, als Gebilde der Phantasie, aus eigenem Leiden und Merken.«

Friedrich Gundolf: Franz Grillparzer. In: Jahrbuch des Freien Deutschen Hochstifts 1931. S. 87–90.

Richard Alewyn (1902–79):

»Wer Grillparzer kennt und die Erzählung liest, dem steht der Atem still. Es ist eines der furchtbarsten und schonungslosesten Bekenntnisse der Weltliteratur. Hier sind die Hemmungen und Lähmungen, die Grillparzers dunkles und dumpfes Wesen bestimmen, bis zu ihren [. . .] tiefsten Wurzeln blossgelegt [. . .] Man hat diese Darstellung rührend gefunden – sie ist grauenvoll [. . .] Der Arme Spielmann ist die extreme Darstellung des totalen Privatmenschen, des idealen Untertanen des Regimes Metternich.«

Richard Alewyn: Grillparzer und die Restauration. In: Publications of the English Goethe Society. N. S. 12 (1937). Zit. nach: Jungbluth, S. 38.

Benno von Wiese (geb. 1903) arbeitet eine durchgehende Ambivalenz der Motive in der Erzählung heraus:

»Geistesgeschichtlich gesehen gehört Grillparzers Erzählung ›Der arme Spielmann‹ in den Prozeß der Verbürgerlichung des 19. Jahrhunderts hinein, in jenen sich immer mehr ausbreitenden Realismus, der die Stilform der heroischen Tragödie ablehnen mußte. Der Mensch wird bereits als ein gebrochenes und durch seine Umwelt vielfach bedingtes Wesen gesehen, seine charakterologische Anlage und der Umkreis, in dem er aufwächst, haben für sein Schicksal eine bestimmende und wesentliche Bedeutung. Ilse Münch sagt in ihrem Buch über Grillparzer (Berlin 1931) folgendes darüber: Grillparzer ›empfand die Macht der Umwelt, der Vererbung, und vor allem der psychologischen individuellen Eigenart . . .; die letzte Ursache des tragischen Leidens aber suchte er in der Grundveranlagung des Menschen, . . . weitergeführt zu der intuitiven Erkenntnis, daß die Probleme des Charakters zugleich ewige unlösbare Grundlagen des Daseins sind, daß in der Eigenart des Lebens selbst das Tragische liegt.‹ Aber darf man diese Erzählung überhaupt als ›tragisch‹ bezeichnen?«

Benno von Wiese: Franz Grillparzer, Der arme Spielmann. In: B. v. W.: Die deutsche Novelle von Goethe bis Kafka. Bd. 1. Düsseldorf: Bagel, 1967. S. 135.

Benno von Wiese kehrt sich auch gegen die anderen Auffassungen, die den Spielmann nur als komisch oder ironisch gestaltet begreifen wollen:

»Dennoch dürfen wir den Spielmann keineswegs als nur komisch oder nur ironisch auffassen. In seiner Verkauztheit steckt ein Wert, der sich jeder Relativierung entzieht: eine Intimität des Scheuen, Insichgekehrten, eine ihm selbst nicht bewußte Güte, die gewiß alles andere eher als närrisch ist. Auch sein Verhältnis zur Kunst behält etwas von einer echten Liebe zum Schönen. Diese Werte können sich jedoch in seiner gesamten sozialen Umwelt nicht mehr entfalten. Darin liegt nun doch eine zwar indirekte, aber vielleicht gerade darum um so vernichtendere Kritik Grillparzers an der Gesellschaft. Es wäre anders, wenn die Gesellschaft den Schwächen des Spielmanns etwas Positives gegenüberstellen könnte. Aber gerade das ist nicht der Fall. So ist es nicht nur das eigne Versagen, sondern auch das Versagen der Welt, das den Spielmann zwangsläufig in die Verelendung abdrängt, in ein Randdasein als Sonderling, aber nicht in Spitzwegscher Behütetheit, sondern gleichsam ohne Gehäuse, ausgesetzt, wehrlos preisgegeben. In der Paria-Situation innerhalb der Welt liegt zugleich die Stärke und die Schwäche des Spielmanns: Schwäche, weil er weder die vitale noch die geistige Kraft besitzt, sein eignes Dasein als ›Ausnahme‹ einer durchaus korrupten Welt entgegenzustellen; Stärke, weil er nur auf diese Weise seine Frömmigkeit noch bewahren und das Leben als ›Gnaden Gottes‹ hinnehmen kann. Der Spielmann ist kein Bohemien – schon seine Ordnungsliebe und Pedanterie zeigen das an –, er will nicht ›ins Wilde und Unaufhaltsame‹ geraten. Wie Peter Schlemihl geht es ihm um die Einordnung in den bürgerlichen, ja, hier sogar in den kleinbürgerlichen Raum, und wie dieser wird er dort nicht mehr zugelassen. Soziologisch gesehen ist er der unter die Künstler versetzte Kleinbürger, dem es weder vergönnt ist, Bürger noch Künstler zu sein. Daher bleibt ihm nur noch der eine Weg: das Untertauchen in der Armut und in der Anonymität des Volkes.

Auch der Ausdruck tragi-komisch wird einer solchen Daseinsform nicht ganz gerecht, wenn es auch zutrifft, daß sie weder dem rein Tragischen noch rein Komischen mehr zugehört. Im ›Armen Spielmann‹ zeigt sich bereits die Verfremdung der Welt, die nunmehr groteske und bodenlose Züge aufweist. Darum kann sich auch die dichterische Sehnsucht Grillparzers nach dem Höchsten und Reinsten nur noch in einer entstellenden, karikierenden Weise aussprechen. Darin ist diese Novelle ganz erstaunlich modern. Eine solche Erzählung setzt das Erlebnis einer bereits vieldeutigen Weltstruktur voraus; Franz Grillparzer stellt den ›Helden‹ als einen abgedrängten Sonderfall dar, dessen gesellschaftliche und psychologische Bedingungen mit dem erbarmungslosen Blick der Kritik analysiert werden; aber in diesem Sonderfall wird zugleich etwas vom ewigen, unzerstörbaren Wesen der menschlichen und auch noch der künstlerischen Seele sichtbar, das sich allen analytischen Kategorien entzieht. Das haben Stifter und Keller so stark empfunden, während für unsere heutige Sehweise sich das grotesk Verfremdende deutlicher heraushebt. Seele und Wirklichkeit sind wie durch einen Abgrund geschieden, so daß nicht einmal ein tragischer Konflikt zwischen beiden möglich ist. Was bleibt der Seele, wenn sie in dieser Weise mit sich selbst und mit Gott allein ist? Was bedeutet ihr Dasein für eine bereits böse, materielle, entseelte, grausam gewordene Welt? Nur an einigen wenigen Stellen wird das mit gewollter Sparsamkeit in bildhaften Zeichen verdichtet. Da haben wir das gesungene und später gespielte Lied, das durch diese Geschichte hindurchgeht und gerade in seiner Schlichtheit zum Symbol einer menschlichen Sehnsucht nach dem Schönen und Leisen werden kann; da sehen wir am Ende die weinende Barbara, deren Liebe niemals aufgehört hat, die nicht verkäufliche Geige, den Sohn mit dem gleichen Namen, der das Lied lernt, und die geretteten Kinder des Hauswirtes. Das alles bewahrt die Existenz des Spielmanns vor dem nur Monomanischen und Fratzenhaften und gibt ihr eine für das Menschliche stellvertretende Bedeutung. Aber er ist nicht mehr der Held der heroischen

Tragödie, nicht mehr der Held mit Pathos und Würde, er ist auch nicht ein Märtyrer, Dulder und Heiliger, er ist der ›gebrochene‹, der ›ambivalente‹ Held, der Held der anonymen Volksmenge, den dann die Literatur der Jahrhundertwende so gern bevorzugt, ein Held noch gegen seinen eignen, durchaus unheldischen Willen. In solcher bis an die Grenze des Grotesken gehenden Verlarvung hat Grillparzer nicht nur seine schärfste Kritik an der Wirklichkeit ausgesprochen, nicht nur eine Abrechnung mit sich selbst vollzogen, sondern auch noch seine geheimste und zarteste Sehnsucht dichterisch gestaltet.«

Ebd. S. 151–153.

Richard Brinkmann (geb. 1921) will in seiner Untersuchung zum »Armen Spielmann« »Art und Grad der Wirklichkeit« in der Erzählung ermitteln, und zwar unter den »formalen Voraussetzungen«, d. h. im wesentlichen unter den Bedingungen der Erzählhaltung. Er zeigt den Übergang aus einer scheinbar allwissenden, »auktorialen« Erzählhaltung (sie erscheint objektiv, ist jedoch als Maske des Erzählers zu erkennen; vielfach läßt er in seinen Urteilen seine Subjektivität durchscheinen) zu den Möglichkeiten der Ich-Erzählung, die Unmittelbarkeit garantieren, nämlich das Erzählte als ein von einem Ich Gehörtes, Gesehenes usw. sichern soll. In diese Ich-Erzählung wird eine zweite, die des Spielmanns, eingeflochten. Theoretisch ergeben sich für die Ich-Erzählung zwei Möglichkeiten: Der zweite Ich-Bericht (Jakob) wird in den Ich-Bericht des Erzählers so eingefügt, daß die Erzählung des Spielmanns als durch den Autor vermittelt gelten kann, gewissermaßen sein Gedächtnisprotokoll darstellt; jedenfalls muß dann der Erzähler als Vermittler zwischen Geschehen und Leser treten (ideal in indirekter Rede, so daß der unmittelbar Sprechende und der Vermittler in einer Sprachform zusammenkommen). Damit begibt sich die Erzählung jedoch der Realitätsbeglaubigung, der Garantie der Objektivität und des Tatsächlichen, die in einem originalen Bericht zu finden wären; dies ist jedoch gerade die Aufgabe des zweiten Ich-Berichtes. Die andere Möglichkeit: Die zweite Ich-Erzählung steht unverbunden neben der ersten. Sie kann zwar Objektivität und Tatsächlichkeit verbürgen, führt jedoch zu einem Durchbrechen des Rahmens der ersten Ich-Erzählung. Diese zweite Form dominiert bei Grillparzer: der Ich-Bericht Jakobs steht relativ selbständig da, wird jedoch in einen realistischen Kontext gestellt, bekommt ein »realistisches Arrangement«, in dem die Anwesenheit des Erzählers betont wird. Die Fiktion kann sich also nicht mehr durch sich selbst behaupten, sondern wird durch einen realistischen Rahmen verifiziert. Die Authentizität des Kunstwerks wird durch reale Umstände versichert, da es nicht mehr in der Lage ist, seine eigene Autonomie zu garantieren. – In der Sprache des zweiten Berichts ist weithin der Erzähler selbst zu vernehmen. Beide Ich-Erzählungen sind damit auf *einen* Erzähler zu beziehen; daraus folgt, daß selbst der realistische Kontext unter den Bedingungen der Subjektivität des Erzählers steht.

»Im Gegensatz zu der in der Realismus-Forschung verbreiteten Meinung hat unsere Betrachtung zunächst einmal zu dieser Einsicht geführt:
Der Gegenstand oder die Gegenstände einer erzählenden Dichtung besagen an sich offenbar noch nichts über ihren Realismus oder Nicht-Realismus.
Der soziale Bereich, in dem das Geschehen sich abspielt und dem ihre Menschen angehören, scheint darüber allein ebensowenig zu besagen wie die Aktualität des Geschehens, die Lebendigkeit und Farbigkeit, die lebenswahre ›Richtigkeit‹ der Darstellung, die differenzierte Psychologie und die reiche Aufnahme des ›Tatsächlichen‹.
Grillparzers Erzählung kann man in mancher Hinsicht einen ›Grenzfall‹ nennen. Sie steht auf der Scheide der Zeiten, auf der Grenze zwischen der klassisch-romantischen Epoche und derjenigen, die man in einem wesentlicheren Sinne als dem chronologischen als neunzehntes Jahrhundert bezeichnen kann. Sie ist aber auch ein ›Grenzfall‹ im Sinne eines Extremfalls, insofern in ihrer Form und in ihrem Thema das Problem

der Subjektivität von ausdrücklicher und entscheidender Bedeutung ist. [...] Denn sie zeigt beispielhaft deutlich die Problematik an, die die Entwicklung mindestens der erzählenden Dichtung im 19. Jahrhundert mit sich bringt: Die Darstellung der ›Wirklichkeit‹ nach ihren ›objektiven‹, ›natürlichen‹, ›tatsächlichen‹, ›empirischen‹ Bedingungen und der Einfluß und die Rolle des Subjekts, des Subjektiven dabei, sowie die Bedeutung der ›Idee‹ des ›Idealen‹ und der Möglichkeit, das ›Ideale‹ und das ›Reale‹ im Sinne des Empirischen in der Darstellung zu vereinigen. Grillparzers Novelle läßt eindringlich die Schwierigkeiten erkennen, die sich in dieser Lage ergeben. Sie treten in der Verschachtelung der Ich-Erzählungen besonders bedrängend in Erscheinung. *Aber sie sind nicht an diese Form gebunden*, wiewohl die Beliebtheit der Rahmenerzählung im 19. Jahrhundert für die Bemühung um die ›empirische‹ Legitimation zweifellos kennzeichnend ist.

Wir wollen noch *eine* wichtige Beobachtung festhalten [...]: Eine differenziertere Darstellung der ›Wirklichkeit‹, des ›Tatsächlichen‹ scheint es nur unter der Bedingung einer stärkeren Beteiligung des Subjekts zu geben. Es sieht so aus – und dafür spricht die genauere Betrachtung der kleinsten Einzelheiten wie auch die Einsicht in die Struktur des Ganzen der Erzählung –, als ob sich das individuelle, besondere Einzelne, so wie es ›wirklich‹, ›tatsächlich‹ ist, der Möglichkeit einer objektiven Darstellung entzöge; als ob es umso mehr die Form der Subjektivität annehmen müßte, je vollständiger es die Darstellung wiederzugeben, je mehr sie seiner, des ›Tatsächlichen‹ habhaft zu werden versucht, je näher sie es heranholt, um ihm ›auf den Grund‹ zu gehen.«

Richard Brinkmann: »Der arme Spielmann«. Der Einbruch der Subjektivität. In: R. B.: Wirklichkeit und Illusion. Tübingen: Niemeyer, [3]1977. S. 143 bis 145.

Heinz Politzers (1910–78) grundsätzliche Interpretation des »Armen Spielmanns« stellt die »Begegnung« in das Zentrum; zu ihrem Wesen gehört, daß die sich begegnenden Personen aus ihr verwandelt hervorgehen. Die folgende Passage gibt die subtile Analyse der letzten drei Sätze der Erzählung wieder:

»In diesen drei Sätzen vollzieht sich eine deutliche Wandlung: die Bewegung verlangsamt sich und kommt zur Ruhe, der Lärm verzieht sich in den Hintergrund, das Leben sammelt sich und wird Bild. Aber auch im Vortrag des Erzählers ist eine Veränderung eingetreten: der erste Satz enthält das Ich noch als Subjekt (›wünschte ich‹); es nimmt wahr und hält fest, wie es dies seit eh und je getan hat; das Auge des Realisten fällt auf die Magd mit ihrer Suppe und verschließt sich auch dem rüden Benehmen des Fleischhauers nicht; die Stimmen der Kinder schlagen in aller gellenden Wirklichkeit ans Ohr. Im zweiten Satz tritt für das persönliche Fürwort das besitzanzeigende; der Besitz, den es anzeigt, ist der Blick (›mein Blick‹), der während der ganzen Geschichte Funktion und Signum dieses Erzählers gewesen war. Es ist ein letzter Blick und – vielleicht darum – zum ersten Male voller Teilnahme auf einen anderen Menschen gerichtet. Im dritten Satz ist das Ich verschwunden; an seiner Stelle steht, was ihm begegnet ist. In der Sprache dieser drei Sätze aber wird die Gestalt Barbaras vollends leibhaft. Ihr Bild tritt hervor, nimmt die ganze Höhe, Tiefe und Breite des noch Auszusagenden ein und sammelt auf sich, was vorhergegangen ist. Sie, die so lange mit den Worten Jakobs hat sprechen müssen und deren eigene kurze Reden aus Alltagsworten, wenn auch erschütterten, bestanden haben, schweigt nun, wie der Erzähler schweigt; beinahe könnte man sagen, sie schwiege aus ihm.
Bislang hat dieser Erzähler seinen psychologischen Stolz darein gesetzt zu beobachten und zu registrieren. Jetzt aber sieht er Barbara, zugleich als weinende Fleischhauersfrau und als ein Sinnbild der Trauer. Sie hat sich zu ihm zurückgewandt; er steht Aug in Auge mit ihr, die es in erhabener Schamlosigkeit ihren Tränen erlaubt, stromweise über ihre Wangen zu fließen. Erst hier, in diesem feierlichen Augenblick, gewinnt

der Satz des Chronisten seine volle Bedeutung, mit dem er am Eingang der Erzählung in scheinbar selbstgefälliger Aphoristik die Kinder des Volkes als künftige Julien, Didos und Medeen angesprochen hatte. Die »Grieslers«-Tochter ist zu der übergroßen, mythischen Figur erwachsen, die, wie es früher geheißen hatte, »als Embryo« in ihr vorbereitet lag: zu der Gestalt einer Mutter, die über die Unmöglichkeit des Menschenkindes Jakob, der Menschenkinder überhaupt ihre Tränen ausschüttet.
Auch das Schweigen des Erzählers hat tieferen Sinn. Zunächst ist er der ›Dramatiker‹, der über ein gelungenes Finale den Bühnenvorhang fallen läßt. (Und wie gelungen, wie Grillparzerisch ist das stille Schlußbild der weinenden Frau!) Und dennoch schließt dieses Ende auch ihn ein, der schließlich nichts anderes ist als eine Figur seines Dichters. Daß er nun mit Barbara schweigt, stiftet zwischen ihm und ihr eine Gemeinsamkeit, die sich in den Worten seiner Erzählung nicht hat darstellen lassen und von der aus seine ganze Geschichte in ein neues Licht getaucht zu sein scheint. Hatte er nicht von sich selbst behauptet, ›ein leidenschaftlicher Liebhaber der Menschen‹ zu sein, und dieser Behauptung mit jeder Silbe und Geste widersprochen? Die Wortlosigkeit, in die dieser Wortreiche und -mächtige den Leser entläßt, erlaubt die Vermutung, er habe in seiner Betroffenheit die Grenze des Sagbaren erreicht. Wenn dem aber so ist, dann hat sich in ihm eine Verwandlung vollzogen: er ist nun geworden, was er vordem in schwungvoller Sprachgebärde lediglich darzustellen versucht hat. Diese Wandlung, die wir als Merkmal und Gewähr einer erfüllten Begegnung gefordert haben, wird nun in ihm wirksam. Sein letzter Blick erfaßt Barbara mit der ›leidenschaftlichen Liebe‹ eines sehenden Dichters und hinter ihr und durch sie den Menschen, um den sie weint. Nun ahnen wir: er hat nicht nur erzählt, sondern auch erkannt und durchdrungen, was er mit seiner Erzählung geschaffen hat. Was Barbara mit Jakob nicht gelungen ist, gelingt ihr hier mit seinem Chronisten: er erlebt seine schöpferische Stunde, die Stunde der Begegnung, in der aus zweien

eins wird, nämlich dieses Werk, dieser ›Arme Spielmann‹. Der schöpferische Augenblick aber gebietet Schweigen, eben das Schweigen, das dem Erzähler der Anblick Barbaras auferlegt hatte. Wissend steht er nun den Gestalten gegenüber, denen er begegnet ist, vieldeutig wie sie und ihnen ebenbürtig, wenn nicht gar Hauptgestalt und Beispielsfall dieser Begegnungen.«

Heinz Politzer: Franz Grillparzers »Der arme Spielmann«. Stuttgart: Metzler, 1967. S. 58–60.

Wolfgang Paulsens (geb. 1910) Auslegung der Erzählung bezieht sich auf deren bürgerliche Implikationen; er sieht die Erzählung als kritische Thematisierung bürgerlicher Tendenzen:

Es scheine einleuchtend, »daß gerade das spezifisch Bürgerliche in dieser Erzählung Grillparzers eine bürgerliche Kritik besonders hat ansprechen können, selbst wenn man sich dann fragen muß, was eine derart subtile, sich im Intimen verlierende Dichtung, wie Grillparzer sie hier von einem in der bürgerlichen Gesellschaft doch auf recht eigentümliche Weise gescheiterten musikalischen Amateur erzählt, den Bürger eigentlich angehe. Denn dieser arme Spielmann Jakob mit seiner sich im rein Dekorativen derart verlierenden, völlig funktionslos gewordenen höheren Schulbildung, der innerhalb der gegebenen Ordnung überhaupt keine andere Rolle mehr zu spielen vermag, als mitten im Gedränge von Volksfesten und anderswo in eisiger menschlicher Kontaktlosigkeit auf seiner Geige den ›lieben Gott‹ zu spielen, stammt zwar ausdrücklich aus einer gut-bürgerlichen Familie, aber in jeder anderen Hinsicht ist er doch das genaue Gegenteil von dem Idealbild, das der Bürger sich von sich selbst zu zeichnen liebt.

Um die Dinge genauer zu präzisieren, müßte man vielleicht sagen, daß der arme Spielmann als solcher die bürgerlichen Lebensformen zwar noch nicht direkt in Frage stellt, sie aber doch auch schon nicht mehr bestätigt. Das Bürgerliche ist in seinem Leben bestenfalls noch ein Restbestand, an dem er bis zuletzt gedankenlos, wenn auch mit einer pedantischen Genauigkeit festhält, die uns heute als ausgesprochen biedermeierlich vorkommt. Bei jeder Gelegenheit unterstreicht Grillparzer diese bürgerliche Pedanterie, vielleicht aus dem Bedürfnis heraus, seiner Gestalt doch noch einen Rückhalt im Sozialen zu sichern, ohne den sie ins Chaotische, um nicht zu sagen ins Nihilistische, abgleiten müßte. Da ist vor allem die Art, wie sich Jakobs Zimmerhälfte von der der Handwerksgesellen scheidet, wodurch der Anschein erweckt wird, als ob die Handwerker, bürgerlich gesehen, noch eine Stufe unter ihm stünden, was ja in Wahrheit durchaus nicht der Fall ist, denn diese Handwerker sind immerhin noch wohlintegrierte Mitglieder ihrer Gesellschaft, Jakob aber offenbar nicht mehr. Das Prinzip der Ordnung und Sauberkeit, das hier von ihm und dem Erzähler seiner Lebensgeschichte zum obersten Kriterium des Bürgerlichen erhoben wird, überbewertet den äußeren Schein gegenüber dem wahren Wesen der Dinge. ›Die Unordnung ist verwiesen‹, hören wir, und zwar durch nichts als einen lehrerhaft dicken Kreidestrich auf dem Boden. Sehr treffend spricht Brinkmann da von einer ›selbstgesetzten Ordnung‹ des alten Mannes, um daran die rhetorische Frage anzuschließen: ›Was ist das anderes als ein Sichzurückziehen, ein Sicheinkapseln in ein selbstgebautes Refugium, in die höchstpersönliche Ordnung einer selbstkonstruierten Welt?‹ Und ähnlich verhält es sich mit dem im Aufbau der Erzählung eine so zentrale Rolle spielenden Motiv der Musik. Auch darauf hat bereits Brinkmann hingewiesen und gemeint, die Musik des armen Spielmanns sei ›vollendeter Solipsismus‹.[3] Damit aber ist das Problem freilich noch nicht ganz gelöst, denn eine solche ›selbstgesetzte Ordnung‹ oder ein derartiger Solipsismus widerspricht an sich noch nicht dem bürgerlichen Denken, jedenfalls nicht dem deutsch-bürgerlichen, das unter dem Druck ›von oben‹ seit je dazu bereit gewesen ist, sich in ein ›Refugium‹ zurückzuziehen, das im Niemandsland der Seele liegt, um sich dort zu verkapseln. So hat denn auch

3 Brinkmann, S. 113 f. und S. 145.

an diesem Ausweichen des Grillparzerschen Helden in sein eigenes, abstruses Ordnungssystem noch keiner seiner bürgerlichen Leser ernsthaft Anstoß genommen, vor allem weil dieser Zug in die eisige Einsamkeit einer nach außen nicht mehr verpflichtenden Ordnung durch das Moment des Komischen gerettet wird. Man kann ihn ernst nehmen, weil man ihn nicht ernst zu nehmen braucht. Die bürgerliche Norm wird anscheinend nicht aufgegeben, nur sentimentalhumorig überspielt, obgleich sie unter der Hand deswegen doch in Frage gestellt bleibt. Wir haben also das Recht, hier von einer dichterisch gestalteten Verfallserscheinung des Bürgertums zu sprechen, und zwar durchaus nicht nur bei dieser einen Szene, sondern überhaupt bei der ganzen Gestalt dieses ›passiven‹ bürgerlichen Helden. Nicht umsonst hat der Dichter Sorge getragen, ihn von Anfang an als Außenseiter zu charakterisieren, dessen Schicksale uns vielleicht menschlich rühren, für die Gesellschaft aber, der er entwachsen ist, kaum als vorbildlich zu gelten vermögen.
Der Geschmack bürgerlicher Leser für die Autoren von Geschichten eines solchen bürgerlichen Verfalls – bis hin zu Hermann Hesse – scheint etwas eigentümlich Morbides zu haben. [...]
Als trotz allem sehr bürgerlich erweist sich das Schicksal dieses wenig idealen Bürgers Jakob tatsächlich auch wieder in dem Augenblick, wenn man sich vergegenwärtigt, daß hier zwar die Kehrseite gutbürgerlicher Lebensformen gestaltet worden ist, aber doch so, daß auch diese Kehrseite noch in einem akzeptablen Licht erscheint. Der zeitkritische, um nicht zu sagen der potentiell revolutionäre Impetus, den die Erzählung zum mindesten im Keim enthält, ist offensichtlich durch ganz andersartige dichterische Elemente aufgefangen und auf eine Ebene des Naiven verlagert worden, die mit größter artistischer Raffinesse gestaltet worden ist und das diesbezügliche literarische Erbe voll ausnutzt. Derart von der Gesellschaft Ausgesonderte haben ja nur als Einzelgänger die scharmante Harmlosigkeit, die unseren Spielmann kennzeichnet, und nur in solcher Vereinzelung läßt sich die Ge-

schichte ihres Lebens als Idylle lesen, wie man das in der älteren Grillparzer-Literatur denn auch immer wieder getan hat. In dem Augenblick aber, wenn sie sich zusammentun, beginnen sie eine Schicht zu bilden, von der her der Gesellschaft, auf welche Weise auch immer, eine Gefahr droht. Das ist wohl erstmalig dann (innerhalb des Bürgertums) in der Bohème geschehen, die sich schon eine Generation später zwischen die Bürger und ihre Künstler schob [...].«

Wolfgang Paulsen: Der gute Bürger Jakob. Zur Satire in Grillparzers »Armem Spielmann«. In: Colloquia Germanica 2 (1968) S. 276–278.

In seinem Beitrag zum »Armen Spielmann« hat ROLAND HEINE (geb. 1938) das den Sinnverlust kompensierende ästhetische Verfahren der erinnernden Ganzheitsstiftung und Sinnkonstitution in Grillparzers Erzählung mit den Kategorien der philosophischen Hermeneutik herausgearbeitet. Aus diesem Aufsatz wird im folgenden die Eingangspassage wiedergegeben:

»Spätestens seitdem Lukács seine ›Theorie des Romans‹ mit dem Verlust des lebensimmanenten Sinnzusammenhangs begründet hat,* wissen wir, daß der Lebenszusammenhang im 19. Jahrhundert allgemein problematisch geworden ist. Das zeigt die Entwicklung von Fausts selbstbewußtem Streben nach dem, was die Welt im Innersten zusammenhält, zur Selbstbescheidung von Hebbels Meister Anton, der die Welt – und in ihr sich selbst – nicht mehr versteht. Der enge Zusammenhang zwischen Welt- und Selbstverständnis, der für die Romantiker der hermeneutische Kern ihres poetischen Idealismus ist, wird fragwürdig, als ihr extremer Anspruch, die Welt durch ein neues, den Sinn der Welt erschließendes Verstehen zu verwandeln, an der Sinnlosigkeit scheitert, die – wie in den ›Nachtwachen‹ – auch schon einen Teil der romantischen Realität ausmacht. Weil die unverwandelte Welt das

* Georg Lukács: Die Theorie des Romans. Ein geschichtsphilosophischer Versuch über die Formen der großen Epik. [2]1963. Vgl. bes. S. 53.

ins Unendliche strebende Ich unerbittlich an die Grenzen seiner endlichen Existenz erinnert, wird mit dem romantischen Weltverständnis auch das Selbstverständnis des Menschen in dieser Welt erschüttert. Die Problematik bürgerlicher Existenz, der mit dem Verlust des sinngebenden Zusammenhangs zwischen Ich und Welt auch der Zusammenhang des eigenen Lebens verlorenzugehen droht, wird in der gesellschaftlichen Wirklichkeit des 19. Jahrhunderts besonders dadurch deutlich, daß das von der Romantik geerbte Dilemma in zwei entgegengesetzten Extremen gelöst wird: einerseits auf dem Weg nach außen, durch die aktive politische Veränderung der als beschränkend, ja unmenschlich empfundenen Verhältnisse, andererseits auf dem Weg nach innen, durch die biedermeierliche Selbstgenügsamkeit in einer beschränkten, scheinbar heilen Welt. Beide Möglichkeiten, sowohl der revolutionäre Aktivismus als auch der psychologische Quietismus, sind – gemessen am romantischen Anspruch – nur Scheinlösungen, die in sich problematisch bleiben.

Die 1848 erschienene Erzählung Grillparzers vom armen Spielmann Jakob, in der von der ersten Seite an die Revolution als die andere Möglichkeit präsent ist, führt die innere Problematik der idyllischen Existenz an einem Menschen der Metternich-Ära vor, der gerade als Sonderling zeittypisch ist. Das mangelnde Welt- und Selbstverständnis dieses lebensuntüchtigen Hofratssohns gründet im Verlust jenes Lebenszusammenhangs, dem der neugierige Erzähler durch Zufall auf die Spur kommt. Aus einer unerwarteten Äußerung des alten Mannes schließt er mit psychologischem Scharfblick, daß dieser Bettelmusikant einst bessere Tage gesehen haben muß: ›Ihr jetziges Leben mag wohl einförmig genug sein, [...] aber Ihre früheren Schicksale – Wie es sich fügte‹ [19]. Erstaunt über die auffällige Diskrepanz zwischen ›früher‹ und ›jetzt‹, fragt sich der Erzähler, welche sonderbare Fügung das Leben des armen Spielmanns bestimmt hat: ›Ich zitterte vor Begierde nach dem Zusammenhange‹. [...]

Auf der Suche nach Objekten für seinen ›anthropologischen Heißhunger‹ findet der Erzähler in einem lateinisch sprechenden Bettelmusikanten einen ›Fall‹, der ›eigentlich wie gemacht‹ erscheint, seine psychologische Neugier ›aufs äußerste zu reizen‹ [8 f.]. Der Reiz besteht in dem Paradox, ausgerechnet aus dem Munde eines armen Spielmanns einen Horazvers zu vernehmen: *sunt certi denique fines*. Während sich der alte Geiger mit diesen Worten von seinen unaufmerksamen Zuhörern abgrenzt, erregt er damit gerade die Aufmerksamkeit des Erzählers: ›Der Mann hatte eine sorgfältige Erziehung genossen, sich Kenntnisse zu eigen gemacht, und nun – ein Bettelmusikant!‹ [9]. Das logische Verfahren, das von einem äußeren Symptom auf seine inneren, seine psychischen Bedingungen schließt, ist wirklich ein ›psycho-logisches‹ Verfahren; der psychologische Schluß, den der Erzähler aus der beobachteten Diskrepanz von einstiger Erziehung und gegenwärtigem Habitus des alten Mannes zieht, zielt auf die Frage nach dem ›Wie‹ seines Lebensverlaufs: ›Wie es sich fügte‹, oder – wie Jakob selbst ein wenig später wiederholt – ›Wie es kam?‹ [19]. Es ist auffallend, daß nicht der Erzähler, sondern der Spielmann das im ›es‹ angedeutete Problem formuliert: ›Daß ich unter die Musikleute kam?‹ [19]. Das ›ich‹, das sich schon hier in die analytische Fragestellung des Erzählers drängt, hält auch den Schlüssel zu ihrer Lösung in der Hand; denn nur der alte Mann kann die fehlenden Verbindungsglieder zwischen ›einst‹ und ›jetzt‹ als Material zur psychologischen Analyse beisteuern. Weil der Erzähler weiß, daß allein der Spielmann den noch rätselhaften Zusammenhang seines Lebens herstellen kann, versucht er ihn zum Sprechen zu bringen, wobei er ihm mit brutaler Offenheit gesteht, er sei nach seiner ›Geschichte lüstern‹ [19]. Die Lebensgeschichte des armen Spielmanns ist die Beute, die dieser menschenhungrige Psychologe seinem Opfer abzujagen hofft; dem kalten Blick dieses erfahrenen Menschenkenners ist Jakob hilflos ausgeliefert. Die Rollen werden nun vertauscht: Während der Erzähler zum aufmerksamen Zuhörer einer ›Geschichte‹ wird, die nicht mehr er erzählt, gibt der alte

Mann als Erzähler seiner Lebensgeschichte das Geheimnis seiner armseligen Existenz preis.

Aber zunächst wird die psychologische Neugier, mit der sich der Erzähler der Lebensgeschichte des armen Spielmanns zu bemächtigen versucht, zurückgewiesen. ›Geschichte? [...] Ich habe keine Geschichte‹ [19], widerspricht ihm der alte Mann. Im Gefühl der eigenen – im anthropologischen wie im historischen Sinne – ›Geschichtslosigkeit‹ erscheint ihm das bisher gelebte Leben als sinnloses Einerlei: ›Heute wie gestern, und morgen wie heute‹ [19]. Wem aber ein Tag wie der andere vergangen ist, der weiß von keiner Vergangenheit und Zukunft: ›Übermorgen freilich und weiter hinaus, wer kann das wissen?‹ [19]. Der arme Spielmann weiß es jedenfalls nicht; er legt deshalb seine Zukunft zuversichtlich in Gottes Hände: ›Doch Gott wird sorgen, der weiß es‹ [19]. Hinter diesem sorglosen Gottvertrauen wird immer mehr die Unfähigkeit sichtbar, das Leben in die eigene Hand zu nehmen; Jakob hat denn auch [...] auf eine aktive, das sinnlose Einerlei überwindende Gestaltung seines Lebens verzichtet. Im zeitlosen Gleichmaß von ›gestern‹, ›heute‹ und ›morgen‹ läßt sich kein sinngebender Zusammenhang erkennen, der den bisherigen Lebensverlauf hätte strukturieren können; erst im Rückblick auf das gelebte Leben wird ein ordnendes Prinzip wirksam, das dem Leben Zusammenhang verleiht. Der alte Mann hat jetzt die Muße, deren es für seinen Rückblick bedarf: ›Wir haben Zeit, und fast kommt mich die Lust zum Schwatzen an‹ [19]. ›Zeit und Ordnung‹ [20], die ihm früher fehlten, erweisen sich nun als Begriffe, die zusammengehören: Indem sich der arme Spielmann Zeit zum Erzählen nimmt, bringt er erzählend sein Leben in Ordnung.

Der alte Mann nimmt sich für seinen Lebensrückblick so viel Zeit, daß er, ein Bein über das andere geschlagen, ganz ›die Lage eines mit Bequemlichkeit Erzählenden‹ [19] angenommen hat und nebenbei sogar noch Zeit findet, ›einzelne Federchen‹ [20] von seinen Kleidern abzulesen. Der Spielmann hat so viel Zeit, weil er zeitlos lebt. Das verrät die Geste, die ihm zu Beginn seines Lebensberichts unterläuft: Er greift, mehr aus Gewohnheit als aus wirklichem Bedürfnis, in seine Uhrtasche, in der sich – wie der Erzähler erstaunt feststellt – ›freilich keine Uhr befand‹ [19]. Weil Jakob, dem Naiv-Glücklichen, keine Stunde schlägt, hat ihm bisher auch der historische Sinn für die zeitliche Entwicklung seines Lebens gefehlt. Zu einem Rückblick auf sein Leben aufgefordert, wird er sich der Zeit- und Geschichtslosigkeit der eigenen Existenz bewußt. Indem er seine noch verständnislose Absage an den Psychologen, er habe ›keine Geschichte‹, revidiert, tut er den ersten Schritt zum Selbstverständnis: ›Das also nennen Sie meine Geschichte? Wie es kam‹ [19]. Die Neugier des Erzählers hat nun auch Jakobs Interesse an der eigenen Vergangenheit geweckt; er bekommt Lust, sich das Vergangene zu vergegenwärtigen, schon um sein Erinnerungsvermögen zu prüfen: ›Möchte ich mirs doch selbst einmal wieder erzählen. Ob ichs noch gar nicht vergessen habe‹ [19]. Die Möglichkeit, daß dieses ›es‹, dessen er sich jetzt zu erinnern versucht, bereits in Vergessenheit geraten sein könnte, zeigt, wie sehr der alte Mann des äußeren Anstoßes bedurfte, um in seinem Inneren, in der Erinnerung, den verlorenen Zusammenhang seines Lebens aufzuspüren. Der Psychologe ist nur noch Initiator, nicht mehr Adressat seiner Lebensgeschichte: er kann daher im Laufe der Erzählung fast völlig vergessen werden.

Indem der alte Mann vor allem sich selbst vergegenwärtigt, ›wie es kam‹, daß aus dem Sohn eines renommierten Hofrats der arme Bettelmusikant wurde, wird ihm unter der Hand, beim Erzählen, doch noch eine ›Geschichte‹ daraus: ›„Sieh nur“, unterbrach er sich, „es gibt denn doch eine Art Geschichte. Erzählen wir die Geschichte!“‹ [23]. Doch erzählt er weder ›eine Art Geschichte‹ noch irgendeine, sondern eine bestimmte, ›die‹ Geschichte, die er als seine Lebensgeschichte annehmen muß: ›Wo blieb ich nur in meiner Geschichte?‹ [26]. Indem der Spielmann selbst den ›Faden seiner Erzählung‹ [20] fortspinnt, verwandelt er sein Leben im doppelten Sinn in ›Geschichte‹: (1) im ästhetischen Sinn in einen Erzählzusammenhang, (2) im historischen

Sinn in einen Lebenszusammenhang. Das Leben als ›Geschichte‹ ist story und history zugleich, ›Geschichte‹ im ästhetischen und im historischen Sinn.
In der naiven Verwunderung darüber, daß das Leben im Rückblick zur ›Geschichte‹ wird, überwindet der arme Spielmann seine geschichtslose Selbstvergessenheit und wird sich des ästhetisch-historischen Zusammenhangs bewußt, in dem sein Leben verständlich wird. Erst im Rückblick stellt sich jedoch heraus, daß das Leben des armen Spielmanns hermeneutisch problematischer gewesen ist, als er sich selbst bewußt war: Er ist, ohne es als sein Lebensproblem zu durchschauen, in seinem Leben am Zusammenhang gescheitert. Das ist um so erstaunlicher, als es ihm jetzt, in seiner Lebensgeschichte, gelungen ist, die einzelnen Momente seines an Ereignissen freilich nicht sehr reichen Lebens mühelos einem Erzähl-Zusammenhang einzuordnen und damit wenigstens formal das hermeneutische Problem zu lösen, an dem er existentiell gescheitert ist.«

Roland Heine: Ästhetische oder existentielle Integration? Ein hermeneutisches Problem des 19. Jahrhunderts in Grillparzers Erzählung »Der arme Spielmann«. In: Deutsche Vierteljahrsschrift für Literaturwissenschaft und Geistesgeschichte 46 (1972) S. 650–655.

2. Einflüsse der Erzählung auf die Literatur

Der »Arme Spielmann« hat eine ganze Reihe von Erzählungen der deutschen bzw. der österreichischen Literatur beeinflußt, indem das Thema, die sprachliche und formale Gestaltung oder einige Motive dieser Dichtung aufgegriffen worden sind.
Bei Adalbert Stifter zeigt sich dies in seinen beiden Erzählungen »Kalkstein« und »Turmalin« in den »Bunten Steinen«.[4] Die beiden Erlebniserzählungen von Marie von Ebner-Eschenbach »Ein

4 Er hat in Grillparzer in verschiedener Hinsicht ein literarisches Vorbild gesehen, was beispielsweise in seiner Glückwunschadresse vom 15. 1. 1860 zu dessen Geburtstag zum Ausdruck kommt (»Adalbert Stifters Leben und Werk in Briefen und Dokumenten«, Frankfurt a. M. 1962, S. 454).

Spätgeborner« und »Wieder die Alte« lassen einen Einfluß Grillparzers erkennen. Bei Ferdinand von Saar gilt dies für die Dichtungen »Tambi« und »Marianne«. Nicht verwunderlich ist, daß Arthur Schnitzler mit der Gestalt des Musikers Weiring aus dem Schauspiel »Liebelei« auf unsere Erzählung zurückgreift und die Zusammenhänge psychologisch adaptiert. Für Adam Müller-Guttenbrunns »Kartäuser« wird neben dem »Armen Spielmann« auch die andere Erzählung Grillparzers, »Das Kloster bei Sendomir« (1828), zur Anregung gedient haben.

Wenig beachtet blieb bisher die direkte Abhängigkeit der Novelle »Ein stiller Musikant« von Theodor Storm (1817–88) von der Grillparzerschen »Spielmann«-Erzählung. Die entsprechenden Motive, der ähnliche Erzählaufbau, die wörtliche Wiederaufnahme von charakteristischen Sequenzen: dies steht bei Storm im Zusammenhang mit einer in dieser Novelle bezeugten Grillparzer-Huldigung. Er sah in ihm – in zweiter Linie dann in dem Märchenerzähler Wilhelm Hauff – einen Vorläufer seiner realistischen Erzählweise. Interesse verdient weiter die Aufnahme und Weiterführung von Motiven, die bei Grillparzer nur angedeutet waren, so die Figur des Kindes (im »Armen Spielmann« Barbaras Sohn Jakob), die des Musikanten Erbe bewahrt und zum erfolgreichen Künstler aufsteigt. Die Lebensgeschichte des Stormschen Musikanten stimmt in allen wesentlichen Zügen mit der des armen Spielmanns Jakob überein, wenn sie auch in einigen Punkten ausdeutend variiert wird.

Für Franz Kafka wurde der »Arme Spielmann« zeitweilig zur existentiellen Leseerfahrung, zur Selbstbegegnung und zur geschätzten Lektüre (vgl. Kap. III,1). Verschiedene Motive sind in seine Erzählungen eingegangen, in »Josefine, die Sängerin oder Das Volk der Mäuse«, in den »Hungerkünstler« und besonders in »Die Verwandlung« (vgl. Politzer, »Die Verwandlung des armen Spielmanns«). Ebenfalls zeigen sich Entsprechungen und verwandte Motive zur »Spielmann«-Erzählung (die Gestalt von Jakobs Vater) in Kafkas »Brief an den Vater«. Kafka selbst bezeichnete in dem Brief vom 2. November 1913 an Felice Bauer – Kafkas »ewige Braut« – Grillparzer neben Dostojewski, Kleist und Flaubert als einen »von den vier Menschen, die ich (ohne an Kraft und Umfassung mich ihnen nahe zu stellen) als meine eigentlichen Blutsverwandten fühle«.

Inwiefern bei den Autoren des 19. Jahrhunderts (insbesondere was die von ihnen damals häufig gewählte Figur des Außenseiters anbelangt; vgl. Hans Mayer, »Außenseiter«, Frankfurt a. M. 1975) eine Kenntnis dieser Erzählung vorlag, ist schwer zu beurteilen, da sie

nach ihrem Erscheinen in der »Iris« nur wenigen bekannt und erst durch die Aufnahme in PAUL HEYSES (1830–1914) »Deutschen Novellenschatz« (1871) wieder zugänglich wurde (Bd. 5).[5]
Die Leidensfiguren der Literatur, besonders die Passionsfiguren der jüdischen Literatur, zeigen eine thematische Verwandtschaft (im Leiden sich des Absoluten zu versichern); sie sind jedoch in der Tradition der chassidischen Legenden und der jiddischen Literatur zu sehen (z. B. JOSEPH ROTHS »Hiob« oder BERNARD MALAMUDS »The Assistent«). Für Grillparzer ist die Leidensthematik dagegen in der Schopenhauerschen Auffassung wirksam (vgl. Nachwort zum »Armen Spielmann«); trotzdem zeigen sich in seiner Konzeption des Außenseiters zur jüdischen Literatur bedenkenswerte Querverbindungen.
THOMAS MANN (1875–1955) hat mit den Titelfiguren in den Erzählungen »Tristan« (1903) und »Tonio Kröger« (1914) – und im Roman »Doktor Faustus« (1947) – späte Nachfahren und Geistesverwandte des Spielmanns Jakob in unserem Jahrhundert entworfen.
Der isländische Erzähler und Romancier HALLDÓR LAXNESS (geb. 1902) beschreibt in seinem Roman »Das Fischkonzert« (dt. 1961) die Suche nach dem »reinen«, absoluten Ton, nach der vollendeten Kunst. Der erstrebte reine Gesang wirkt ebenfalls als Höllenlärm. (In den autobiographischen Schriften von Laxness findet sich kein Hinweis auf Grillparzer.)
Unter dem Aspekt von Musik und Einsamkeit hat Barbara Beutner einen Vergleich von Grillparzers Erzählung mit MICHEL DEL CASTILLOS (geb. 1933) Erzählung »La Guitare« (1957) unternommen, der motivliche Entsprechungen offenlegte (Barbara Beutner, »Musik und Einsamkeit bei Grillparzer, Kafka und del Castillo«).
Der österreichische Schriftsteller THOMAS BERNHARD (geb. 1931) hat in einem seiner Stücke, »Die Macht der Gewohnheit« (1974), arme Spielleute als Clowns eines Wanderzirkusses den ständig scheiternden Versuch unternehmen lassen, Schuberts Forellenquintett einmal vollkommen – als absolutes Kunstwerk – zu spielen.
Schließlich sind noch eine Erzählung und zwei Romane der gegenwärtigen österreichischen Literatur zu erwähnen. GERT JONKES (geb. 1946) Erzählung »Schule der Geläufigkeit« (1977) und besonders sein Roman »Der ferne Klang« (1979) lassen vielfältige thematische und

5 Der Brief von Hieronymus Lorm an Emil Kuh (3. 8. 1863) und die Briefe von Paul Heyse an Franz Grillparzer (4. 6. 1870 und 11. 6. 1871) machen deutlich, in welch geringem Maße die Erzählung bekannt geworden ist (vgl. Kap. III,1).

motivliche Parallelen zum »Armen Spielmann« sowie zu Grillparzers Musikästhetik und Kunstauffassung erkennen. GERNOT WOLFGRUBER (geb. 1944) hat in seinem Roman »Verlauf eines Sommers« ein zentrales Grillparzer-Motiv aufgenommen (S. 71):
»In Grillparzers *Der arme Spielmann* (1848) beschreibt der Erzähler den Raum des unglücklichen Geigers, den dieser mit einem Handwerker teilen muß. Der arme Spielmann hat seinen Teil von dem des Mitbewohners durch einen Kreidestrich getrennt, wodurch auf seiner Seite Ordnung, ja Pedanterie, auf der anderen Seite Unordnung und Chaos sichtbar werden [vgl. S. 16 f.]. Die Hauptfigur in Wolfgrubers Roman *Verlauf eines Sommers* (1981), Martin Lenau, erinnert sich an seine Kindheit: den ordentlich verwalteten Teil seines Zimmers hat er von dem Durcheinander seines Bruders durch einen Kreidestrich getrennt. In beiden Fällen der ›Äquator einer Welt im kleinen‹ (Grillparzer). Es ist für diesen Zusammenhang gleichgültig, ob Wolfgruber auf Grillparzer anspielt oder nicht. Ordnung und Anarchie, die oft das thematische Zentrum österreichischer Texte bestimmen, sind einander gegenübergestellt, und zwar in demselben Bild. Aber die Begriffe, die als Abstraktionen unsinnlich bleiben müssen, sind gültig aufbewahrt in einem Bildgedächtnis, anschaulich und verständlich, auch über die Zäsuren der Geschichte hinweg« (Wendelin Schmidt-Dengler, »Geschichten gegen die Geschichte. Gibt es das Österreichische in der österreichischen Literatur?«, in: »Modern Austrian Literature« 17 (1984) S. 155).

IV. Texte zur Diskussion

1. Zum Stilvergleich: Rudolf Hans Bartsch, »Schwammerl«

Die folgende Passage aus dem erfolgreichen Schubert-Roman »Schwammerl« (1912) von Rudolf Hans Bartsch (1873 bis 1952) versucht Schuberts Empfindungen und Vorstellungen bei der Entstehung des Forellenquintetts einzufangen. Auch hier bedeutet die Musik einen »Aufschwung zu Gott«. Der Text zeigt jedoch, daß – anders als Grillparzers Erzählung – der Roman von Bartsch dem typischen sprachlichen Gestus des Kitsches folgt:

»Der kleine, unglücklich kurze und dicke Musikant blieb stehen. Er war in seinem heißen Verlangen flußaufwärts gerannt, wer weiß wie weit! Nun war das Tal einsam und die Steyr, der klarste aller Flüsse, die beryllgrüne Forellenheimat war allein bei ihm, bald mit Gekicher und bald mit Brausen, weißlich gischtend und tief glasklar, wie kein Wasser sonst, so viele er gesehen. Und die edelsteinleuchtende Durchsichtigkeit des geliebten Wassers ging in seine Seele über und beruhigte ihn. In seinen besten Stunden war er ja doch eins mit jenem Großen, auch wenn der schwieg. In seinen besten Stunden. Das goldgrüne, leuchtende Forellenquintett fiel ihm ein, das er hier, von diesem Flüßchen empfangen hatte, und er sang sich leise in die alte Harmonie hinein, die ihn wieder umfing. Seit jenen Tagen hatte er höher schauen gelernt als in die lautere Tiefe der kleinen, stillen Flußtümpel, darein lautlos die merkwürdig andern Wesen stehen, welche dort leben, wo wir sterben: die gespenstig fremden und doch so lebensflinken Fische.
Seit jenen Tagen hatte er in die Höhe blicken gelernt. Er hatte über blaue Seen hinaus nach den gottgroßen Bergen geschaut, auf denen in königlicher Einsamkeit die hermelintragenden Firne ruhten. Wenn er am Traunsee an dem herrlichen Instru-

ment seines Gastfreundes saß und die Symphonie, die ihm in Salzburg und Gastein von den gewaltig verschwiegenen Höhen des ewigen Schnees zugeweht war, weiterführte, da zuckte nur die linke Hand in den Bässen das verwühlte Raunen der Wässer der Tiefe, das eintönige Schlagen der Seen, die Rechte aber griff gewaltig zur einsamen Höhe, zum Aufschwung zu Gott empor.
Und der kleine Regent der Harmonien saß an der Steyr auf moosüberwachsenem Felsblock, und ohne Klavier, wie er dies in seiner heiterbitteren Armut lange Zeit gewöhnt gewesen war, arbeitete er und hatte in sich die Erfüllung.
Ein zerknülltes Päckchen Notenpapier aus seiner Tasche breitete und glättete er und stürmte die schwarzen und weißen Ruschelknöpfe hin, die Hieroglyphen, welche die Sprache Gottes enthalten. Ein paar Seiten launenhaft gebundener, durchstrichener, reigentanzender Punkte auf Stielen oder träge schwebend wie eine Blase, und eine Weltschöpfung voll Kampf und Erlöstheit.
Die Gasteiner Symphonie; die verlorene, von der vielleicht heute noch eine Abschrift auf einem Dachboden der guten Stadt zu Steyr ruht; sie, die von den gewaltigen Bergen singt und über der Schubert die Vernunft des Alltagslebens als ein seliger und entsühnter Geist vergessen hatte.
Die Mittagsglocken schwangen, er hörte sie nicht. Er war in dem Reiche, da tausend Jahre ein Tag sind.«

Rudolf Hans Bartsch: Schwammerl. München: Heyne, 1977. (Heyne Nostalgie Bibliothek. Nr. 29.) S. 18 f. – © L. Staackmann, Linden.

2. Zum sozialen Status des Künstlers im Wien des 19. Jahrhunderts: Hermann Broch, »Hofmannsthal und seine Zeit«

Der in Wien geborene Schriftsteller Hermann Broch (1886–1951) skizziert das Verhältnis von Künstler und Bürger in Wien im 19. Jahrhundert:

»Es ist eine eigentümliche Sachlage: der Künstler des bürgerlichen Zeitalters macht mit dem bürgerlichen Ästhetizismus ernst, d. h. er wird ganz im Sinne dieser Gesellschaft zum ausschließlichen Schönheitserzeuger, zum Mann des l'art pour l'art, freilich hat er in seinem Kopf das l'art pour la société als Hintergedanken, doch selbst wenn er damit den Publikumsgeschmack trifft, er bleibt trotzdem von der Publikums-Bürgerlichkeit sozial abgesondert, und selbst die Hochschätzung, die ihm, besonders wenn er Theaterdichter ist, entgegengebracht wird, bleibt feindlich. Denn gerade als Mittelklasse (und infolge ihrer spezifischen und andern ökonomischen Bedingtheiten) ist die bürgerliche die sprödeste gegenüber jedem Fremdkörper, und alles was sich ihr nicht völlig angleicht, beispielsweise der herabgekommene Adelige und ebenso der Parvenü, oder gar was niemals zur völligen Angleichung gelangen kann, wie etwa der Künstler oder der Jude, dem wird unweigerlich der Zutritt verwehrt. Sogar den Hofrat Grillparzer traf die Vereinsamung, und an der ihm zuteil gewordenen feindlichen Hochschätzung ist er schier zugrunde gegangen; bei Ferdinand Raimund endete es tatsächlich mit Selbstmord. Nicht einmal mit den geliebten Künstlern des Burgtheaters wurde anders verfahren; nein, obwohl sie, unbeschadet ihrer hohen Kunst, vielfach ein streng bürgerliches Beamtendasein führten, und obwohl der Kaiser einem oder dem andern seiner k. k. Hofschauspieler den Adelstand verlieh, ganz zu schweigen von den aristokratischen Heiraten der Hofschauspielerinnen, es wurde keine Ausnahme gemacht. Die Rigorosität war umso bemerkenswerter, als sie im Rahmen der klassenverwischten Wiener Gallert-Demokratie statthatte, eine gallerthaft weiche Rigorosität, deren Waffe eine liebenswürdig tückische Widerborstigkeit war, dennoch eine zähe Waffe: das Bürgertum, sich (mit Recht) als die einzige staats- und gesellschaftserhaltende Gruppe fühlend, wollte gegenüber den andern Gruppen, einschließlich der Kunst und ihren Angehörigen, lediglich zuschauendes Publikum sein, und es setzte sich gegen jede drohende Störung seiner Isolation sofort zur Wehr.«

Hermann Broch: Schriften zur Literatur 1: Kritik. Hrsg. von Paul Michael Lützeler. Frankfurt a. M.: Suhrkamp, 1975. (Suhrkamp Taschenbuch. Nr. 246.) S. 203 f.

Als Ergänzung für eine Diskussion (»Erzählung – Märchen«) sei empfohlen: das Märchen *Der wunderliche Spielmann* (in den »Kinder- und Hausmärchen« der Brüder Grimm). Kunst und Arbeit, Musik als Sprache der Menschheit, musikalische Wirkung und Humanität, Heiligkeit des Spielmanns: dies sind einige Stichworte, die einen aufschlußreichen Vergleich zwischen dem Grimmschen Märchen und Grillparzers Erzählung erlauben.

V. Literaturhinweise

Grillparzers gesamter Nachlaß wurde von seiner Alleinerbin Kathi Fröhlich der Stadt Wien vermacht; der handschriftliche Nachlaß befindet sich vollständig in der Wiener Stadtbibliothek.

1. Ausgaben

Iris. Deutscher Almanach für 1848. Hrsg. von Johann Grafen Majlath. Pest: Heckenast, 1847. [»Der arme Spielmann« auf S. 1–54; Erstausgabe.]

Werke. Hrsg. von Heinrich Laube und Josef Weilen. 10 Bde. Stuttgart: Cotta, 1872. [»Der arme Spielmann« in Bd. 8, S. 39–95.]

Sämtliche Werke. Hist.-krit. Gesamtausg. Hrsg. von August Sauer, fortgef. von Reinhold Backmann. 42 Bde. Wien: Gerlach & Wiedling, seit 1916 Schroll & Co., 1909–48. [Zit. als: HKA mit Angabe von Abteilung, Band und Seite; »Der arme Spielmann« in HKA I,13,37–81; »Tagebücher«, Bd. 1–6, in HKA II,7–12.]

Sämtliche Werke. Ausgewählte Briefe, Gespräche, Berichte. Hrsg. von Peter Frank und Karl Pörnbacher. 4 Bde. München: Hanser, 1960–65. [»Der arme Spielmann« in Bd. 3, S. 146–186.]

Sämtliche Werke. Text und Kommentar. Hrsg. von Helmut Bachmaier. 5 Bde. Frankfurt a. M.: Deutscher Klassiker Verlag, 1986 ff. [»Der arme Spielmann« in Bd. 3, in Vorb.]

Grillparzers Gespräche und die Charakteristiken seiner Persönlichkeit durch die Zeitgenossen. Ges. und hrsg. von August Sauer. 7 Bde. Wien: Bd. 1–6 Literarischer Verein, Bd. 7. Schroll & Co., 1904–16. [Zit. als: Gespräche.]

Gedichte. Auswahl. Hrsg. von Peter von Matt. Stuttgart: Reclam, 1970 [u. ö.] (Universal-Bibliothek. Nr. 4401.) [Zit. als: Gedichte.]

2. Bibliographien

Müller, Joachim: Franz Grillparzer. Stuttgart [2]1966. (Slg. Metzler. Bd. 31.) [Wichtigste Grillparzer-Literatur bis 1965; zum »Armen Spielmann« S. 58 f.]

Das Grillparzer-Bild des 20. Jahrhunderts. Festschr. der Österr. Akademie der Wissenschaften zum 100. Todestag von Franz Grillparzer. Hrsg. von Heinz Kindermann. Wien 1972. [Stand der internationalen Grillparzer-Forschung; Literatur bis 1970; zum »Armen Spielmann« S. 71 f.; in einigen Fällen ungenau.]

Fortgeführt sind die bibliographischen Angaben in Ausgaben des »Grillparzer-Forums Forchtenstein« (ersch. unregelmäßig) und des »Jahrbuchs der Grillparzer-Gesellschaft«.

3. Zu Leben und Werk Grillparzers

Alker, Ernst: Franz Grillparzer. Marburg 1930.
Bachmaier, Helmut: Franz Grillparzer. Salzburg 1980. ²1985.
Baumann, Gerhart: Franz Grillparzer. Sein Werk und das österreichische Wesen. Freiburg i. Br. 1954. Neuausg. u. d. T.: F. G. Dichtung und österreichische Geistesverfassung. Frankfurt a. M. / Bonn 1966.
– Zu Franz Grillparzer. Versuche zur Erkenntnis. Heidelberg 1969.
Burckhardt, Carl Jacob: Grillparzer und das Maß. In: Grillparzer-Festschrift der Österreichischen Akademie der Wissenschaften. Wien 1972. [Vortrag von 1941.]
Coenen, Frederic E.: Grillparzers Portraiture of Men. Chapel Hill 1951.
Fischer, Ernst: Franz Grillparzer. Wien 1946. Auch in: E. F.: Dichtung und Deutung. Wien 1953. S. 83–123.
Fülleborn, Ulrich: Das dramatische Geschehen im Werk F. Grillparzers. München 1966.
Grillparzer-Studien. Hrsg. von Oskar Katann. Wien 1924.
Gundolf, Friedrich: Franz Grillparzer. In: Jahrbuch des Freien Deutschen Hochstifts 1931. S. 9–93.
Höllerer, Walter: Zwischen Klassik und Moderne. Stuttgart 1958. S. 240–294.
Hofmannsthal, Hugo von: Notizen zu einem Grillparzer-Vortrag. In: H. v. H.: Gesammelte Werke. Prosa. Bd. 2. Frankfurt a. M. 1951. S. 85–93. [Entstanden 1904.]
– Grillparzers politisches Vermächtnis. In: Neue Freie Presse (Wien). 16. 5. 1915. Auch in: H. v. H.: Gesammelte Werke. Prosa. Bd. 3. Frankfurt a. M. 1952. S. 252–259.
– Rede auf Grillparzer, gehalten bei der deutschen Grillparzer-Gedenkfeier zu Hannover, 7. 5. 1922. Abgedr. in: H. v. H.: Gesammelte Werke. Prosa. Bd. 4. Frankfurt a. M. 1955. S. 112–131.
Kainz, Friedrich: Grillparzer als Denker. Wien 1975. [Grundlegend.]
Kaiser, Joachim: Grillparzers dramatischer Stil. München 1961. ²1969.
Kuh, Emil: Zwei Dichter Österreichs. Grillparzer – Stifter. Pest 1872.
Laube, Heinrich: Franz Grillparzers Lebensgeschichte. Stuttgart 1884.
Mann, Thomas: Huldigung für Grillparzer. In: Neue Freie Presse (Wien). 22. 1. 1922. Auch in: Th. M.: Gesammelte Werke. Bd. 10. Frankfurt a. M. 1960. S. 426–428. Auch in: Th. M.: Miszellen. (Fischer-Bücherei. Nr. MK 120.) S. 77–79.
Matt, Peter von: Der Grundriß von Grillparzers Bühnenkunst. Zürich 1965.
Müller, Joachim: Grillparzers Menschenauffassung. Weimar 1934.
Münch, Ilse: Die Tragik in Drama und Persönlichkeit Grillparzers. Berlin 1931.
Nadler, Josef: Grillparzer. Vaduz 1948. Wien ²1952.
Naumann, Walter: Grillparzer. Das dichterische Werk. Stuttgart/Berlin [u. a.] 1956.
Politzer, Heinz: Franz Grillparzer oder Das abgründige Biedermeier. Wien 1972. [Umfassende Darstellung Grillparzers aus psychoanalytischer Perspektive.]

Sauer, August: Einleitung. In: Grillparzer: Werke. Hrsg. von A. S. Bd. 1. Stuttgart/Berlin [5]1892.
– Über das Zauberische bei Grillparzer. In: A. S.: Gesammelte Reden und Aufsätze. Wien 1903.
Scherer, Wilhelm: Franz Grillparzer. Beiträge zu seinem Verständnis. In: W. Sch.: Vorträge und Aufsätze zur Geschichte des geistigen Lebens in Deutschland und Österreich. Berlin 1874. S. 193–307.
Seidler, Herbert: Studien zu Grillparzer und Stifter. Wien 1970.
Škreb, Zdenko: Grillparzer. Kronberg i. Ts. 1976. [Gründliche Einführung in das dramatische Werk.]
Strich, Fritz: Franz Grillparzers Ästhetik. Berlin 1905. Nachdr. Hildesheim 1977.
Träger, Claus: Geschichte, »Geist« und Grillparzer. Ein klassischer Nationalautor und seine Deutungen. In: Weimarer Beiträge 7 (1961) S. 449–519.
Volkelt, Johannes: Grillparzer als Dichter des Tragischen. Nördlingen 1888. [2]1909.
Wedel-Parlow, Ludolf von: Der junge Grillparzer. In: Euphorion 30 (1923) S. 467–544.
Yates, Douglas: Grillparzer. A critical Biography. Oxford 1946.

4. Zum »Armen Spielmann«

Alker, Ernst: Komposition und Stil von Grillparzers Novelle »Der arme Spielmann«. In: Neophilologus 11 (1926) S. 15–27.
Backmann, Reinhold: Grillparzer und Stifter in der »Iris« für 1848. In: Jahrbuch der Grillparzer-Gesellschaft. N. F. 2 (1942) S. 133 ff.
Beutner, Barbara: Musik und Einsamkeit bei Grillparzer, Kafka und del Castillo. Ein Vergleich zwischen »Armen Spielmann«, »Verwandlung« und »Gitarre«. Köln 1975.
Birell, Gordon: Time, Timelessness and Music in Grillparzer's Spielmann. In: The German Quarterly 57 (1984) S. 558–573.
Brandt, Helmut: Grillparzers Erzählung »Der arme Spielmann«. Eine europäische Ortung der Kunst auf österreichischem Boden. In: Die österreichische Literatur. Ihr Profil im 19. Jahrhundert (1830–1880). Hrsg. von Herbert Zeman. Graz 1982. S. 343–364.
Brinkmann, Richard: Franz Grillparzer: »Der arme Spielmann«. Der Einbruch der Subjektivität. In: R. B.: Wirklichkeit und Illusion. Tübingen [3]1977. S. 87–145. [Zuerst 1957.]
Browning, Robert M.: Language and the Fall from Grace in Grillparzer's Spielmann. In: Seminar 12 (1976) S. 215–235.
Ellis, John M.: Grillparzer's »Der arme Spielmann«. In: The German Quarterly 45 (1972) S. 662–683.
Geulen, Hans: Bemerkungen zur musikalischen Motivik in Wackenroders »Leben des Joseph Berglinger« und Grillparzers »Der arme Spielmann«. In: »Sagen mit sinne«. Hrsg. von Helmut Rücker und Kurt Otto Seidel. Göppingen 1976. S. 329–343.
Hannemann, Bruno: Zum Selbstverständnis des Dichters vor 1848. Franz

Grillparzers »Der arme Spielmann«. In: Monatshefte 69 (1977) S. 377 bis 390.

Heine, Roland: Ästhetische oder existentielle Integration? Ein hermeneutisches Problem des 19. Jahrhunderts in Grillparzers Erzählung »Der arme Spielmann«. In: Deutsche Vierteljahrsschrift für Literaturwissenschaft und Geistesgeschichte 46 (1972) S. 650–683.

Hodge, James L.: Symmetry and Tension in »Der arme Spielmann«. In: The German Quarterly 47 (1974) S. 262–268.

Hoverland, Lilian: Speise, Wort und Musik in Grillparzers Novelle »Der arme Spielmann«. In: Jahrbuch der Grillparzer-Gesellschaft 13 (1978) S. 63–83.

Hunter-Lougheed, Rosemarie: Das Thema der Liebe im Armen Spielmann. In: Jahrbuch der Grillparzer-Gesellschaft 13 (1978) S. 49–62.

– Das Motiv der Gewissenhaftigkeit – oder die Gefahr, ins »Wilde und Unaufhaltsame« zu geraten. Zu Grillparzers Novelle »Der arme Spielmann«. In: Österreich in Geschichte und Literatur 22 (1978) S. 279–289.

Jungbluth, Günther: Franz Grillparzers Erzählung »Der arme Spielmann«. Ein Beitrag zu ihrem Verstehen. In: Orbis Litterarum 24 (1969) S. 35–51.

Katann, Oskar: »Der arme Spielmann« Grillparzers. In: O. K.: Gesetz im Wandel. Neue literarische Studien. Innsbruck 1932. S. 73–79.

Klein, Karl Kurt: Zur Weltdeutung in Grillparzers Novellen. Marburg 1928. [Zum »Armen Spielmann«: S. 9–23.]

Krotkoff, Hertha: Über den Rahmen in Franz Grillparzers Novelle »Der arme Spielmann«. In: Modern Language Notes 85 (1970) S. 345–366.

Kunz, Josef: Die deutsche Novelle im 19. Jahrhundert. Berlin 1970. (Grundlagen der Germanistik 10.) [Zum »Armen Spielmann«: S. 29–35.]

Lach, Robert: Grillparzers Novelle »Der arme Spielmann« und die Musikwissenschaft. In: Festschrift für Julius Schlosser. Wien 1927. S. 35–45.

Liedke, Otto K.: Considerations on the Structure of Grillparzer's »Der arme Spielmann«. In: Modern Austrian Literature 3 (1970) S. 7–12.

Lorm, Hieronymus: Grillparzers »Der arme Spielmann«. In: Jahrbuch der Grillparzer-Gesellschaft 4 (1894) S. 47–79.

Mahlendorf, Ursula: Franz Grillparzer's The Poor Fiddler. The Terror of Rejection. In: American Imago. A Psychoanalytic Journal for Culture, Science, and the Arts 36 (1979) S. 118–146.

Müller, Joachim: Grillparzers Novelle »Der arme Spielmann«. In: Zeitschrift für Deutschkunde 55 (1941) S. 158–162.

Mulot, Arno: Grillparzers »Armer Spielmann«. In: Der Deutschunterricht 5 (1953) H. 1. S. 51–61.

Papst, Edmund: Grillparzers Theorie des psychologischen Realismus (mit einem Exkurs über den »Armen Spielmann«). In: Grillparzer-Forum Forchtenstein 1973. S. 7–23.

Paulsen, Wolfgang: Der gute Bürger Jakob. Zur Satire in Grillparzers »Armem Spielmann«. In: Colloquia Germanica 2 (1968) S. 272–298.

Politzer, Heinz: Die Verwandlung des armen Spielmanns. Ein Grillparzer-Motiv bei Franz Kafka. In: Forum 5 (1958) S. 372–375. Auch in: Jahrbuch der Grillparzer-Gesellschaft. Folge 3. Bd. 4. Wien 1965. S. 55–64.

– Franz Grillparzers »Der arme Spielmann«. Stuttgart 1967. (Dichtung und Erkenntnis 2.) [Zit. als: Politzer.]

– Ein Denkmal für Grillparzer. In: Grillparzer-Forum Forchtenstein 1972. S. 7–30. [Zum »Armen Spielmann«: S. 19–30.]
Pongs, Hermann: Möglichkeiten des Tragischen in der Novelle. In: Jahrbuch der Kleist-Gesellschaft 1931/32. S. 38–104. Auch in: H. P.: Das Bild in der Dichtung. Bd. 2: Voruntersuchungen zum Symbol. Marburg 1939. [2]1963. S. 219–227.
Porter, James: Reading Representation in Franz Grillparzer's »Der arme Spielmann«. In: Deutsche Vierteljahrsschrift für Literaturwissenschaft und Geistesgeschichte 55 (1981) S. 293–322.
Reeve, W. C.: Proportion and Disproportion in Grillparzer's »Der arme Spielmann«. In: The Germanic Review 53 (1978) S. 41–49.
Roe, Ian Frank: »Der arme Spielmann« and the Role of Compromise in Grillparzer's Work. In: The Germanic Review 56 (1981) S. 134–139.
Schäublin, Peter: Das Musizieren des armen Spielmanns. Zu Grillparzers musikalischer Zeichensprache. In: Sprachkunst. Beiträge zur Literaturwissenschaft 3 (1972) S. 31–55.
Seeba, Hinrich C.: Franz Grillparzer: Der arme Spielmann (1847). In: Romane und Erzählungen zwischen Romantik und Realismus. Neue Interpretationen. Hrsg. von Paul Michael Lützeler. Stuttgart 1983. S. 386–422.
Seuffert, Bernhard: Grillparzers »Spielmann«. In: Festschrift für August Sauer. Stuttgart 1925. S. 291–311.
Silz, Walter: Grillparzer, »Der arme Spielmann«. In: W. S.: Realism and Reality. Chapel Hill 1954. 1962. S. 67–78.
Straubinger, O. Paul: Der arme Spielmann. In: Grillparzer-Forum Forchtenstein 1966. S. 97–102.
Swales, M. W.: The Narrative Perspective in Grillparzer's »Der arme Spielmann«. In: German Life and Letters 20 (1966/67) S. 107–116.
Vancsa, Kurt: Grillparzers »Der arme Spielmann« und Stifters »Der arme Wohltäter«. In: Festschrift für E. Castle. Wien 1955. S. 99–108.
Wiese, Benno von: Franz Grillparzer: »Der arme Spielmann«. In: B. v. W.: Die deutsche Novelle von Goethe bis Kafka. Bd. 1. Düsseldorf 1956 [u. ö.]. S. 134–153.
Wittkowski, Wolfgang: Struktur – Weltbild – Ethos in Grillparzers Novelle »Der arme Spielmann«. In: Akten des 6. Internationalen Germanisten-Kongresses. Bern 1980. T. 4. S. 460–466.
– Grenze als Stufe. Josephinischer Gradualismus und barockes Welttheater in Grillparzers Novelle »Der arme Spielmann«. In: Aurora 41 (1981) S. 135 bis 160.
– Stufenstruktur und Transzendenz in Büchners »Woyzeck« und Grillparzers Novelle »Der arme Spielmann«. In: Georg Büchner-Jahrbuch 3 (1983) S. 147–165.

5. Hilfsmittel

Benjamin Hederich: Gründliches mythologisches Lexikon. Leipzig 1770. Nachdr. Darmstadt 1967.
L. Preller: Griechische Mythologie. Bd. 1: Theogonie und Götter. Berlin 1894.
Reclams Lexikon der antiken Mythologie von Edward Tripp. Übers. von Rainer Rauthe. Stuttgart 1970 [u. ö.].
Der Kleine Pauly. Lexikon der Antike. Bearb. und hrsg. von Konrad Ziegler und Walther Sontheimer. München 1975.
Eberhard Thiel: Sachwörterbuch der Musik. Stuttgart 1962. (Kröner Taschenausg. Bd. 210.)
Erich Zöllner: Geschichte Österreichs. München [4]1970.

Franz Grillparzer

IN RECLAMS UNIVERSAL-BIBLIOTHEK

Die Ahnfrau. Trauerspiel. 4377

Der arme Spielmann. Erzählung. (Helmut Bachmaier) 4430 – dazu *Erläuterungen und Dokumente.* (Helmut Bachmaier) 8174 [2]

Ein Bruderzwist in Habsburg. Trauerspiel. (Helmut Bachmaier) 4393

Der Gastfreund. Die Argonauten. 1. und 2. Abteilung des dramatischen Gedichts »Das goldene Vlies«. 4379

Gedichte. (Peter von Matt) 4401 [2]

Die Jüdin von Toledo. Trauerspiel. (Wolfgang Paulsen) 4394

Das Kloster bei Sendomir. Erzählung. (Karl Pörnbacher) 8761

König Ottokars Glück und Ende. Trauerspiel. (Karl Pörnbacher) 4382 – dazu *Erläuterungen und Dokumente.* (Karl Pörnbacher) 8103

Libussa. Trauerspiel. (Heinz Rieder) 4391

Medea. 3. Abteilung des dramatischen Gedichts »Das goldene Vlies«. (Helmut Bachmaier) 4380

Des Meeres und der Liebe Wellen. Trauerspiel. (Helmut Bachmaier) 4384

Sappho. Trauerspiel. (Helmut Bachmaier) 4378

Der Traum ein Leben. Dramatisches Märchen. (Helmut Bachmaier) 4385

Ein treuer Diener seines Herrn. Trauerspiel. (Gerhart Baumann) 4383

Weh dem, der lügt! Lustspiel. 4381 – dazu *Erläuterungen und Dokumente.* (Karl Pörnbacher) 8110

Philipp Reclam jun. Stuttgart